Libro del alumno

Etapa 2
Intercambios

Nivel A1.2

1.ª edición: 2009   1.ª reimpresión: 2010   Reimpresiones: 2011, 2012, 2013, 2014, 2015, 2016, 2018, 2019 y **2020**

© Editorial Edinumen, 2009
© **Equipo Entinema:** Sonia Eusebio Hermira, Anabel de Dios Martín, Beatriz Coca del Bosque, Elena Herrero Sanz, Macarena Sagredo Jerónimo
   Coordinación: Sonia Eusebio Hermira
© **Autoras de este material:** Anabel de Dios Martín y Sonia Eusebio Hermira

Coordinación editorial:
Mar Menéndez

Diseño de cubierta:
Carlos Casado

Diseño y maquetación:
Carlos Casado, Josefa Fernández y Juanjo López

Ilustraciones:
Carlos Casado y Olga Carmona

Fotografías:
Archivo Edinumen

Impresión:
Gráficas Glodami. Madrid
0320

Editorial Edinumen
José Celestino Mutis, 4.
28028 Madrid
Teléfono: (34) 91 308 51 42
Fax: (34) 91 319 93 09
Correo electrónico:
edinumen@edinumen.es
www.edinumen.es

ISBN: 978-84-9848-181-5   **Depósito legal:** M-38015-2016

Instituto Cervantes

Este método se adecua a los fines del *Plan Curricular* del Instituto Cervantes
La marca del Instituto Cervantes y su logotipo son propiedad exclusiva del Instituto Cervantes

Reservados todos los derechos. No está permitida la reproducción parcial o total de este libro, ni su tratamiento informático ni la transmisión de parte alguna de esta publicación por cualquier medio mecánico, electrónico, por fotocopia, grabación, etc., sin el permiso previo y por escrito de los titulares del *copyright*.

Índice de contenidos

Introducción

Etapas es un curso de español cuya característica principal es su distribución **modular** y **flexible**. Basándose en un enfoque orientado a la acción, las unidades didácticas se organizan en torno a un objetivo o tema que dota de contexto a las tareas que en cada una de ellas se proponen.

Los contenidos de **Etapas** están organizados para implementarse en un curso de 20 a 40 horas lectivas según el número de actividades opcionales, actividades extras y material complementario que se desee utilizar en el aula.

Unidad 1 — Intercambios: la persona   4

Contenidos funcionales:
- Pedir confirmación de información.
- Expresar hábitos.
- Expresar gustos.

Contenidos lingüísticos:
- *Vives en Madrid, ¿no?/¿verdad?*
- Morfología de los verbos *gustar* y *encantar*.
- Adverbios de cantidad: *mucho, nada*.
- Adverbios *también* y *tampoco*.
- Presente de indicativo.
- Adverbios de frecuencia.

Contenidos léxicos:
- Comida y bebida.
- Actividades del tiempo libre.
- Hábitos del fin de semana.

Contenidos culturales:
- Intercambios lingüísticos y culturales.
- Hábitos alimentarios de niños y jóvenes europeos.

Tareas:
- Negociar la clase de español.
- Ayudar a René a hacer un intercambio.
- Buscar personas con gustos compatibles para hacer un intercambio.

Unidad 2 — Intercambios: la ciudad   14

Contenidos funcionales:
- Preguntar por la habilidad para hacer algo.
- Preguntar por el conocimiento de algo.
- Describir ciudades.
- Expresar opiniones y deseos.
- Hacer la compra.
- Expresar la existencia y la falta de algo.
- Mostrar escepticismo.
- Argumentar y presentar un contraargumento.

Contenidos lingüísticos:
- *¿Sabes...? ¿Conoces?*
- *¿Qué? ¿Cuál?*
- Adjetivos para descripción de ciudades.
- La diferencia *es-está-tiene* para describir.
- *Creo que...*
- *Me gustaría saber...*
- Frases para ir al supermercado.
- *Algo, nada, alguno, alguna...*
- *No sé, pero...*
- *Sí, es verdad/puede ser, pero...*

Contenidos léxicos:
- Comida y bebida.
- Envases y medidas.
- Tiendas.

Contenidos culturales:
- De las tiendas de ultramarinos a las grandes superficies.
- Las tiendas de los inmigrantes.

Tareas:
- Dar información a René sobre ciudades españolas.
- Ir al supermercado.

Índice de contenidos

2
[dos]

Unidad 3 — Intercambios: la casa — 23

Contenidos funcionales:
- Hablar de las tareas de la casa.
- Expresar acciones que están ocurriendo.
- Pedir favores.
- Conceder y denegar favores y permiso.
- Hacer una petición o ruego.
- Responder a una petición o ruego.

Contenidos lingüísticos:
- Presente de indicativo.
- Expresiones de frecuencia.
- La perífrasis *estar* + gerundio.
- *Poder* + infinitivo.
- *Se puede/No se puede.*

Contenidos léxicos:
- Las tareas de la casa.

Contenidos culturales:
- Las excusas.
- Normas sociales.

Tareas:
- Ayudar a René sobre qué hacer en la casa de su intercambio.
- Informar a René sobre algunos comportamientos sociales en España.

Unidad 4 — Intercambios: el plan — 31

Contenidos funcionales:
- Expresar planes y proyectos.
- Preguntar por los planes de los otros.
- Expresar necesidad, obligación o instrucción de manera personal e impersonal.
- Dar consejos y recomendaciones.
- Valorar y pedir valoración.
- Expresar aprobación y desaprobación.
- Expresar sentimientos.

Contenidos lingüísticos:
- *Ir a* + infinitivo.
- *Tener que* + infinitivo.
- *Hay que* + infinitivo.
- *¿Qué tal...?*
- *Bien, muy bien...*
- *¡Qué bien/mal/aburrido...!*
- *¡Qué nervios!/¡Qué estrés!*

Contenidos léxicos:
- Ocio, tiempo libre, viajes, proyectos, espectáculos.

Contenidos culturales:
- Movimientos juveniles: la movida y el botellón.
- Normas y comportamientos en el ámbito laboral.

Tareas:
- Participar en un programa de radio sobre intercambios.
- Conocer diferentes experiencias de intercambios.

Unidad 5 — Intercambios: la cita — 40

Contenidos funcionales:
- Hacer sugerencias y proponer planes.
- Expresar preferencias.
- Aceptar y quedar.
- Rechazar los planes con cortesía.
- Mostrar acuerdo y desacuerdo a una sugerencia.
- Corregir información y pedir confirmación de información.
- Expresar impresiones sobre el carácter de otros.

Contenidos lingüísticos:
- Estructuras para hacer sugerencias y proponer planes.
- Estructuras para mostrar acuerdo y desacuerdo.
- *Yo prefiero* + infinitivo.
- *Me gustaría* + infinitivo.
- *No es el viernes, ¿verdad?*
- *Es el sábado, ¿no?*
- *Ser* + adjetivo.
- *Tener* + sustantivo.

Contenidos léxicos:
- Viajes y lugares.
- Adjetivos de carácter.

Contenidos culturales:
- Comportamientos culturales relacionados con invitaciones.
- Lugares de interés hispanos.

Tareas:
- Participar en la planificación de un fin de semana.
- Ayudar a René con sus citas en España.

Descripción de los iconos

 → Actividad de interacción oral.

 → Actividad de reflexión lingüística.

 → Actividad de producción escrita.

 → Comprensión auditiva. El número indica el número de pista.

 → Comprensión lectora.

 → Actividad opcional.

Índice de contenidos

Unidad 1

Intercambios: la persona

Tareas:
- Negociar la clase de español.
- Ayudar a René a hacer un intercambio.
- Buscar personas con gustos compatibles para hacer un intercambio.

Contenidos funcionales:
- Pedir confirmación de información.
- Expresar hábitos.
- Expresar gustos.

Contenidos lingüísticos:
- *Vives en Madrid, ¿no?/¿verdad?*
- Morfología de los verbos *gustar* y *encantar*.
- Adverbios de cantidad: *mucho*, *nada*.
- Adverbios *también* y *tampoco*.
- Presente de indicativo.
- Adverbios de frecuencia.

Contenidos léxicos:
- Comida y bebida.
- Actividades del tiempo libre.
- Hábitos del fin de semana.

Contenidos culturales:
- Intercambios lingüísticos y culturales.
- Hábitos alimentarios de niños y jóvenes europeos.

1 Conocernos... ¿más?

1.1. Para conocer más a tu profesor mira la información que ha escrito en la pizarra sobre él e intenta adivinar su significado. Puedes hacerle preguntas, pero él solo puede responderte *sí* o *no*.

1.2. Ahora pon tu nombre en el centro del círculo y escribe en cada línea información sobre ti.

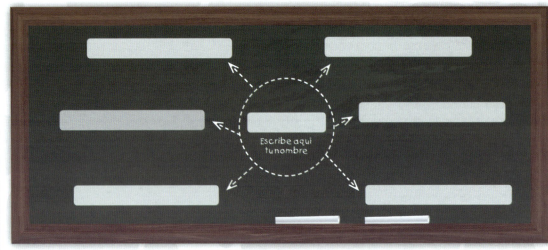

Escribe aquí tu nombre

1.2.1. Muéstrale tu información a tu compañero para que adivine su significado y mira la que él ha escrito. Recuerda que solo puedes hacer preguntas de respuesta *sí* o *no*.

Fíjate

Si piensas que conoces la información de tu compañero, solo necesitas pedir su confirmación de esta manera:
– Vives en Madrid, ¿no?
– Eres inglés, ¿verdad?

1.2.2. Comparte con la clase tres cosas que has conocido de tu compañero.

1.3. Vamos a conocernos un poco más. Lee las siguientes preguntas, elige cuatro para hacer a tus compañeros y añade tú dos más. Escucha a tu profesor la explicación de la cuestión 2 y si tienes problemas con alguna palabra, pregúntale.

1. ¿Por qué estudias español?
2. ¿Cuánto tiempo llevas estudiando español? ¿Cuánto tiempo vas a estudiar español?
3. ¿Qué actividades piensas que son más necesarias para aprender español: actividades para hablar, actividades para aprender gramática, actividades para escuchar, actividades para leer, actividades para practicar la gramática?
4. ¿Te gusta hacer actividades en grupo?
5. ¿Qué piensas que es lo más difícil para aprender español? ¿Y lo más fácil?
6. ¿Qué quieres aprender en este curso?
7. ¿..?
8. ¿..?

1.3.1. Pregunta y responde a tus compañeros las cuestiones que has elegido. Después, escribid en un papel las cosas más importantes que la mayoría del grupo piensa para explicárselas al profesor y al resto de la clase.

2 Intercambios: conocer a René

2.1. Mira la foto de esta persona y lee el anuncio. ¿Sabes quién es? Si no lo conoces, no te preocupes, tu profesor te lo explicará.

Intercambios de casas para vacaciones en España

Descubre una forma alternativa de vacaciones. El intercambio de casas es una fórmula en la que dos familias deciden intercambiar sus casas por un determinado periodo de tiempo.

Etapa 2. Nivel A1.2

2.2. ✏️ **Vamos a leer un texto sobre cómo hacer intercambios de casas, pero primero necesitamos entender algunas palabras. Lee las siguientes frases e intenta descubrir qué significan las palabras en negrita. Marca la opción correcta con un ✔.**

1. Cuando voy de vacaciones, me gusta **alojarme** en un hotel. *Alojarse* significa:

- ☐ **a.** Estar lejos de…
- ☐ **b.** Vivir temporalmente en…
- ☐ **c.** Ducharse.

2. Me gusta este restaurante: comer en él es **barato**, solamente 10 euros. *Barato* significa:

- ☐ **a.** Comer no cuesta mucho dinero.
- ☐ **b.** La comida es buena.
- ☐ **c.** El restaurante es limpio.

3. Cuando viajo a una ciudad me gusta **hacer turismo**: visitar los monumentos, ir a los museos, pasear por las calles… *Hacer turismo* significa:

- ☐ **a.** Hacer fotos.
- ☐ **b.** Ver las cosas importantes.
- ☐ **c.** Conocer a otras personas.

4. Vas a Barcelona, ¿verdad? Pues el tren con **destino** a Barcelona sale en 15 minutos. *Destino* significa:

- ☐ **a.** El lugar a donde vas.
- ☐ **b.** Tren rápido.
- ☐ **c.** El lugar donde coges el tren.

2.2.1. 📖 **Lee el texto y comprueba el significado de las palabras anteriores.**

¿Qué significa hacer un intercambio?

Es una forma diferente de viajar en vacaciones: tú (con tu familia) **te alojas** en la casa de otras personas y ellos, al mismo tiempo, **se alojan** en la tuya.

¿Qué ventajas tiene?

Es más **barato**, no tienes que gastar dinero en alojamiento y así puedes usarlo para **hacer turismo**: hacer excursiones, ir a museos, ir al teatro, hacer compras, etc. Es más interesante, porque normalmente el intercambio te presenta a su familia y amigos.

Esto significa que puedes conocer más profundamente los hábitos y la personalidad de los habitantes del lugar de **destino**. Tú tienes que hacer lo mismo.

¿Cómo funciona?

La persona que quiere hacer un intercambio escribe un anuncio con fechas y destinos (de dónde es y a dónde quiere ir), una pequeña descripción de la casa, cuántas personas van a viajar y cuántas personas pueden ir a su casa.

Cuando se elige el intercambio, las dos personas se escriben o se llaman por teléfono, así se conocen y hablan del destino, de los amigos o de la familia que van a conocer, de las actividades que quieren hacer, etc.

2.2.2. 🧍 **En esta etapa vamos a ayudar a René con su intercambio. Vamos a darle toda la información que necesita sobre la vida en España: hábitos, costumbres y carácter de los españoles, desenvolverse en situaciones de la vida cotidiana, etc.**

Unidad I

3 Hábitos de algunos españoles

3.1. Para conocer los hábitos de algunos españoles durante el fin de semana e informar a René de ello, vamos a escuchar qué responden tres personas a una encuesta sobre sus hábitos en los fines de semana. Mira las fotos que te muestra tu profesor, lee las siguientes frases y relaciona cada opción con su significado.

1. Los sábados por la mañana normalmente...

① descanso • • ⓐ *Voy al supermercado y compro la comida para la semana.*
② hago la compra • • ⓑ *No hago nada.*
③ veo una exposición • • ⓒ *Voy al museo.*

2. Los sábados por la tarde normalmente...

① voy de compras • • ⓐ *Voy con amigos al bar, o a la discoteca, o al cine....*
② quedo con amigos • • ⓑ *Voy a un restaurante.*
③ salgo a cenar • • ⓒ *Voy a tiendas a comprar ropa.*

3. Los domingos normalmente...

① veo una peli • • ⓐ *Voy a escuchar a un grupo de música.*
② voy a un concierto • • ⓑ *Estoy en casa y veo una película en el vídeo o en el DVD.*
③ voy de tapas • • ⓒ *Voy con amigos a comer algo (unas patatas, un poco de queso…).*

4. Algunos domingos...

① me quedo en casa • • ⓐ *Voy a un mercado en la calle.*
② voy al mercadillo • • ⓑ *Voy fuera de la ciudad: al campo, a otro pueblo...*
③ salgo fuera • • ⓒ *Estoy en casa todo el día.*

3.1.1. Escucha la encuesta a Mar, Javier y Berta y escribe lo que hacen con más frecuencia. Completa la tabla.

	Mar	Javier	Berta
Los sábados por la mañana	descansa		
Los sábados por la tarde			
Los domingos			

Etapa 2. Nivel A1.2

7
[siete]

3.1.2. Compara tu respuesta con tu compañero.

3.2. En la segunda parte de la encuesta, otras españolas, Rosa y Mónica, escriben lo que hacen los fines de semana. Dividid la clase en parejas (A y B) y ayudad al encuestador a completar su informe para luego mandárselo a René. Vuestro profesor os dirá qué tenéis que hacer.

Alumno A

Pregunta: ¿Qué haces normalmente los sábados?

Datos personales
· Nombre: .... Rosa ....
· Edad: ....
· Estado civil: ....
· Hijos: ....

(1) Se levanta:
☐ antes de las 9.00.
☐ después de las 9.00.
☐ no contesta.

(2) Desayuna:
☐ en casa.
☐ fuera de casa.
☐ no contesta.

(3) Antes de comer:
☐ limpia la casa.
☐ hace la compra.
☐ hace deporte.
☐ lee, escucha música, juega... (actividades de ocio en casa).
☐ va a museos; pasea; queda con amigos/familia... (actividades de ocio fuera de casa).
☐ no contesta.

(4) Come:
☐ en casa.
☐ fuera de casa.
☐ no contesta.

(5) Por la tarde:
☐ se queda en casa y ....
☐ sale de casa y ....
☐ no contesta.

(6) Cena:
☐ en casa.
☐ fuera de casa.
☐ no contesta.

(7) Se acuesta:
☐ antes de las 24.00.
☐ después de las 24.00.
☐ no contesta.

Alumno B

Pregunta: ¿Qué haces normalmente los domingos?

Datos personales
· Nombre: .... Mónica ....
· Edad: ....
· Estado civil: ....
· Hijos: ....

(1) Se levanta:
☐ antes de las 9.00.
☐ después de las 9.00.
☐ no contesta.

(2) Desayuna:
☐ en casa.
☐ fuera de casa.
☐ no contesta.

(3) Antes de comer:
☐ limpia la casa.
☐ hace la compra.
☐ hace deporte.
☐ lee, escucha música, juega... (actividades de ocio en casa).
☐ va a museos; pasea; queda con amigos/familia... (actividades de ocio fuera de casa).
☐ no contesta.

(4) Come:
☐ en casa.
☐ fuera de casa.
☐ no contesta.

(5) Por la tarde:
☐ se queda en casa y ....
☐ sale de casa y ....
☐ no contesta.

(6) Cena:
☐ en casa.
☐ fuera de casa.
☐ no contesta.

(7) Se acuesta:
☐ antes de las 24.00.
☐ después de las 24.00.
☐ no contesta.

Unidad I

Alumno A

Lee la encuesta de Rosa y responde a las preguntas de tu compañero.

Pregunta: ¿Qué haces normalmente los sábados? Describe tus hábitos, piensa en lo que haces por la mañana, por la tarde, por la noche.

Nombre: Rosa.
Edad: 38 años.
Otros datos: Casada y con dos hijos.

Descripción:
Bueno, para mí los fines de semana no son para descansar. Tengo dos hijos y nunca me levanto más tarde de las 9.00, casi siempre desayunamos todos juntos. A veces mi marido se levanta antes y compra churros; entonces desayunamos churros, pero no con chocolate: mi marido y yo, normalmente, tomamos café con leche, y los niños siempre desayunan *colacao*. Rápidamente empezamos a organizarnos: los niños van a su habitación a jugar o a hacer los deberes. Casi siempre limpiamos la casa los sábados por la mañana y cuando terminamos, vamos a un gran supermercado y hacemos la compra. A veces volvemos a casa a comer y otras veces vamos a un restaurante. Por la tarde salimos a pasear con los niños o vamos al cine, o visitamos a la familia. Y por la noche casi nunca salimos: cenamos en casa o llamamos a Telepizza y cuando los niños se acuestan, mi marido y yo vemos alguna peli en el DVD, pero muchas veces estamos tan cansados que nos acostamos también.
Bueno, también a veces hacemos alguna cena para los amigos o la familia, pero muy pocas.

Alumno B

Lee la encuesta de Mónica y responde a las preguntas de tu compañero.

Pregunta: ¿Qué haces normalmente los domingos? Describe tus hábitos, piensa en lo que haces por la mañana, por la tarde, por la noche.

Nombre: Mónica.
Edad: 27 años.
Otros datos: Soltera. Vive con dos amigas.

Descripción:
Los domingos por la mañana casi siempre me levanto muy tarde, a la 13.00, y muchas veces quedo con amigos para ir al Rastro y vamos de tapas por los bares que están cerca de allí. A veces salgo fuera: al campo. Me gusta hacer senderismo. Los domingos por la tarde, cuando las tiendas abren, mis compañeras de piso y yo vamos de compras, pero solamente abren un domingo al mes, así que muchas veces me quedo en casa y descanso: escucho música, leo, veo la tele. A veces voy al cine o al teatro, no sé… No me gustan los domingos por la tarde.

3.2.1. Repasa las actividades 3.1.1., 3.1.2. y 3.2. y completa el siguiente cuadro.

Verbos y actividades

1. .... la compra.
2. .... de tapas.
3. .... con amigos.
4. Descansar.
5. .... a cenar.
6. .... una peli (en casa).
7. .... a un concierto.
8. .... de compras.
9. Limpiar la casa.
10. Salir fuera.
11. .... una cena/una comida en casa.
12. Leer.
13. .... la televisión.
14. Quedarse en casa.

Continúa ▶

Etapa 2. Nivel A1.2

Presente de indicativo. Verbos irregulares

Hacer	Ir	Salir	Ver
hago	......	......	veo
......	vas	sales	......
hace	......	sale	ve
......	......	......	......
hacéis	......	......	......
......	van	......	......

3.3. Tienes la posibilidad de ponerte de acuerdo con algún compañero de clase para hacer con él un intercambio: tú puedes ir a su país y él al tuyo. Encuentra a un compañero y siéntate con él para conocer sus hábitos, y así saber más sobre su país: pregúntale qué actividades de 3.2.1. hace los fines de semana y cuáles no.

4 Las razones del intercambio de René

4.1. Para saber las razones por las que René necesita viajar a España, mira la siguiente tabla que en estos momentos está escribiendo. ¿A qué se dedica?

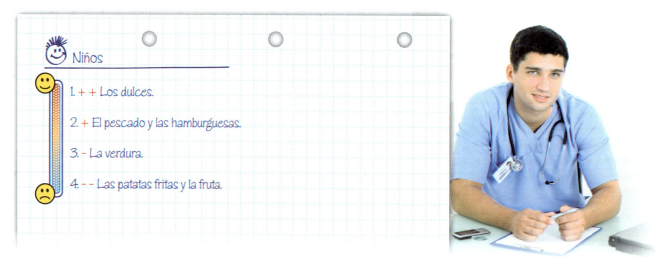

4.1.1. René es médico nutricionista y está haciendo un estudio sobre los hábitos alimentarios de los niños europeos. Los datos de 4.1. los ha cogido de una entrevista que ha leído en Internet, pero René no sabe muy bien español y no comprende bien. Ayúdale: lee la entrevista y corrige en 4.1. sus errores.

Entrevista al doctor Giraldo, experto en alimentación infantil y juvenil

Entrevistador: Díganos, doctor, ¿nuestros niños comen bien?
    Doctor: Desgraciadamente, comen muy mal, porque no les gusta la verdura ni la fruta. Comen muchísimos dulces, les encantan, y sus padres, que no tienen tiempo para educarles, les permiten todo.

Unidad 1

E: ¿Son los padres culpables de la obesidad de sus hijos?
D: Bueno, también los medios de comunicación contribuyen: a los niños les gustan las hamburguesas y las patatas fritas, todo lo que tiene grasas e hidratos de carbono, y hay mucha publicidad de establecimientos dirigida a niños que ofrecen este tipo de comida.
E: ¿Cuál cree usted que puede ser la solución?
D: Está claro que la solución es educación; por ejemplo, ¿por qué cree que a los niños no les gusta nada el pescado?
E: Pues no sé, díganos usted.
D: ¿Cuántos días a la semana come usted pescado?
E: Muchas gracias, doctor.

4.1.2. Recuerda cómo se utiliza el verbo *gustar*, mira la actividad anterior y completa el siguiente cuadro.

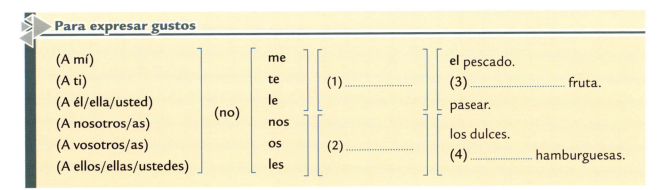

Para expresar gustos

(A mí)		me			el pescado.
(A ti)		te	(1)	(3) .... fruta.
(A él/ella/usted)	(no)	le		pasear.
(A nosotros/as)		nos		los dulces.
(A vosotros/as)		os	(2)	(4) .... hamburguesas.
(A ellos/ellas/ustedes)		les		

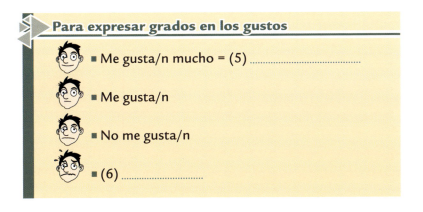

Para expresar grados en los gustos

- Me gusta/n mucho = (5) ....
- Me gusta/n
- No me gusta/n
- (6) ....

4.2. 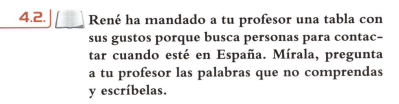 René ha mandado a tu profesor una tabla con sus gustos porque busca personas para contactar cuando esté en España. Mírala, pregunta a tu profesor las palabras que no comprendas y escríbelas.

4.2.1. **Para saber qué personas de la clase pueden acompañar a René en su viaje a España dividid la clase en grupos de cuatro, volved a mirar las cosas que le gustan y contad a vuestros compañeros vuestros gustos. Escribid vuestras notas en la siguiente tabla.**

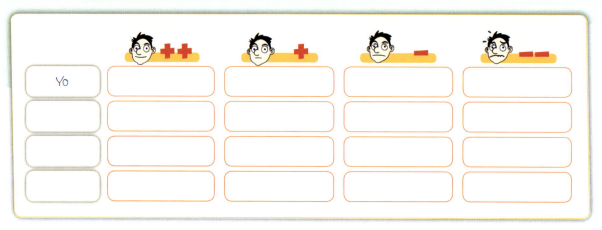

4.2.2. **Con la información de la tabla anterior exponed al resto de la clase qué personas pueden acompañar a René en su viaje y qué personas no. Seguid el ejemplo.**

- La/s persona/s que puede/n acompañar a René en su viaje a España es/son .... porque a los dos/tres...............................
- La/s persona/s que no puede/n acompañar a René en su viaje a España es/son .... porque...............................

4.3. **René sigue buscando contactos en España y ha conocido a María a través de Internet. Esta es la conversación que han tenido en el Messenger. Léela y completa el cuadro de 4.3.1.**

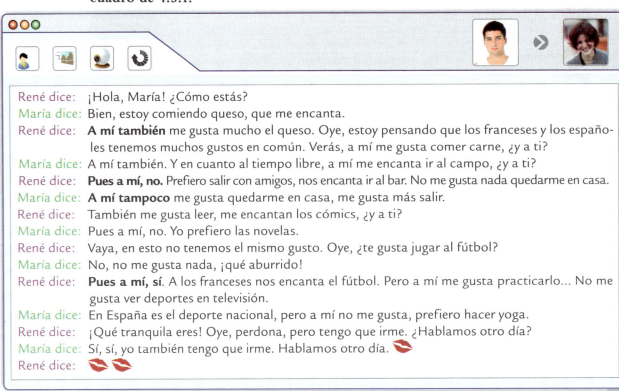

René dice: ¡Hola, María! ¿Cómo estás?
María dice: Bien, estoy comiendo queso, que me encanta.
René dice: **A mí también** me gusta mucho el queso. Oye, estoy pensando que los franceses y los españoles tenemos muchos gustos en común. Verás, a mí me gusta comer carne, ¿y a ti?
María dice: A mí también. Y en cuanto al tiempo libre, a mí me encanta ir al campo, ¿y a ti?
René dice: **Pues a mí, no.** Prefiero salir con amigos, nos encanta ir al bar. No me gusta nada quedarme en casa.
María dice: **A mí tampoco** me gusta quedarme en casa, me gusta más salir.
René dice: También me gusta leer, me encantan los cómics, ¿y a ti?
María dice: Pues a mí, no. Yo prefiero las novelas.
René dice: Vaya, en esto no tenemos el mismo gusto. Oye, ¿te gusta jugar al fútbol?
María dice: No, no me gusta nada, ¡qué aburrido!
René dice: **Pues a mí, sí.** A los franceses nos encanta el fútbol. Pero a mí me gusta practicarlo... No me gusta ver deportes en televisión.
María dice: En España es el deporte nacional, pero a mí no me gusta, prefiero hacer yoga.
René dice: ¡Qué tranquila eres! Oye, perdona, pero tengo que irme. ¿Hablamos otro día?
María dice: Sí, sí, yo también tengo que irme. Hablamos otro día.
René dice:

4.3.1. Completa el siguiente cuadro con la información de la conversación anterior.

Hablar de gustos

Mismos gustos	Gustos distintos

■ Para hablar de los mismos gustos positivos entre dos personas (a las dos les gusta lo mismo) usamos:
 	
      A mí (1) ....
 	
  – Me encanta el queso.
  – (2) ....
	■ Cuando dos personas no tienen los mismos gustos (a la primera le gusta algo, pero a la segunda no) usamos:
	
	      (Pues) a mí, (5) ....
	
	  – Me encantan los cómics.
	  – Pues (6) ...., ... (Prefiero las novelas).

■ Para hablar de los mismos gustos negativos entre dos personas (a las dos no les gusta lo mismo) usamos:
 	
      A mí (3) ....
 	
  – No me gusta quedarme en casa.
  – (4) ....
	■ Cuando dos personas no tienen los mismos gustos (a la primera no le gusta algo, pero a la segunda sí) usamos:
	
	      (Pues) a mí, (7) ....
	
	  – No me gusta jugar al fútbol.
	  – Pues (8) ...., ... (Me encanta).

4.3.2. Para practicar el contenido del cuadro anterior, tu profesor te dará una ficha con las cosas que te gustan y que no te gustan. Trabaja con tu compañero.

4.4. Tu profesor te va a dar un texto sobre gustos y tiempo libre: léelo y completa los datos que faltan en los gráficos.

4.5. Para terminar, cuéntale a la clase tus gustos sobre tu trabajo, tus estudios, esta clase... Así te conocemos un poco más. Mira el ejemplo.

Lo que más me gusta de mi trabajo es .... y lo que menos es ....

Lo que más me gusta de mis estudios es .... y lo que menos es ....

Lo que más me gusta de esta clase es .... y lo que menos ....

Etapa 2. Nivel A1.2

Unidad 2

Intercambios: la ciudad

Tareas:
- Dar información a René sobre ciudades españolas.
- Ir al supermercado.

Contenidos funcionales:
- Preguntar por la habilidad para hacer algo.
- Preguntar por el conocimiento de algo.
- Describir ciudades.
- Expresar opiniones y deseos.
- Hacer la compra.
- Expresar la existencia y la falta de algo.
- Mostrar escepticismo.
- Argumentar y presentar un contraargumento.

Contenidos lingüísticos:
- ¿Sabes…? ¿Conoces?
- ¿Qué? ¿Cuál?
- Adjetivos para descripción de ciudades.
- La diferencia *es-está-tiene* para describir.
- *Creo que…*
- *Me gustaría saber…*
- Frases para ir al supermercado.
- *Algo, nada, alguno, alguna…*
- *No sé, pero…*
- *Sí, es verdad/puede ser, pero…*

Contenidos léxicos:
- Comida y bebida.
- Envases y medidas.
- Tiendas.

Contenidos culturales:
- De las tiendas de ultramarinos a las grandes superficies.
- Las tiendas de los inmigrantes.

I Nuestros conocimientos y habilidades

1.1. Vamos a conocernos más. Primero completa la siguiente información, según tu opinión.

[1] ¿Quién sabe tocar un instrumento? ....
¿Qué instrumento?

[2] ¿Quién sabe decir alguna palabra en árabe? .... ¿Qué palabra? *(hola/ adiós/ gracias/ de nada)*
[3] ¿Quién conoce más de dos ciudades de España? .... ¿Qué ciudades? ....
[4] ¿Quién conoce algún país de Hispanoamérica? .... ¿Qué país? ....

[5] ¿Quién sabe jugar al tenis? [6] ¿Quién sabe esquiar? [7] ¿Quién sabe bailar flamenco? [8] ¿Quién sabe cantar ópera?

1.2. Para comprobar tus respuestas, haz a tus compañeros las anteriores preguntas. Si te responden *sí*, muestra más interés y pregúntales *cuál o cuáles*. Mira el ejemplo.

¿Sabes tocar un instrumento?

Sí.

¿Cuál?

La guitarra.

1.3. Fíjate en los ejemplos de las actividades anteriores y completa los siguientes cuadros.

Conocimientos y habilidades

- Para expresar habilidad, usamos el verbo (1) ....
  – ¿Sabes tocar la guitarra?
  – Sé bailar flamenco.

- Para expresar el conocimiento de algo, usamos el verbo (2) ....
  – ¿Conoces alguna ciudad de España?
  – Conozco Bogotá.

- Para preguntar por algo específico, podemos usar:

  ¿(3) ....+ nombre?
  – ¿Qué instrumento sabes tocar?

  ¿(4) ....?
  – Conozco un país de Hispanoamérica.
  – ¿Cuál?

2 Ciudades para el intercambio

2.1. René está pensando qué ciudades puede visitar en su viaje a España y nos ha pedido información sobre cuatro ciudades. Para saber de qué ciudades se trata, en parejas poned en orden las letras. ¿Conocéis esas ciudades? Mira el mapa que te muestra tu profesor.

① g o e S i v a

② a c l V e n i a

③ c n a m a S a l a

④ a n r a G a d

Etapa 2. Nivel A1.2

2.2. Vamos a darle a René más información sobre las ciudades anteriores y a aprender vocabulario para describirlas y localizarlas. Escucha a unas personas que hablan sobre esas ciudades y señala la opción correcta.

1 Valencia está…

☐ en la costa.   ☐ en el interior.

5 Segovia es…

☐ una ciudad sucia.   ☐ una ciudad limpia.

2 Valencia es…

☐ una ciudad pequeña.   ☐ una ciudad grande.

6 Segovia es…

☐ una ciudad bonita.   ☐ una ciudad fea.

3 Salamanca está…

☐ cerca de Portugal.   ☐ lejos de Portugal.

7 Granada está…

☐ en el norte de España.   ☐ en el sur de España.

4 Salamanca es…

☐ tranquila.   ☐ ruidosa.

8 Granada es…

☐ una ciudad moderna.   ☐ una ciudad antigua.

2.2.1. Comprueba tus respuestas con tu compañero.

Unidad 2

2.3. Para hablar de ciudades podemos utilizar el verbo *ser* y el verbo *estar*. Mira las imágenes anteriores y escribe, junto a la palabra, el nombre de una ciudad de tu país que represente esa característica o su localización.

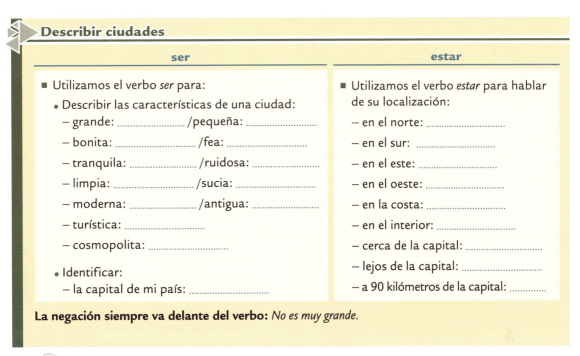

Describir ciudades

ser	estar

■ Utilizamos el verbo *ser* para:
• Describir las características de una ciudad:
  – grande: .... /pequeña: ....
  – bonita: .... /fea: ....
  – tranquila: .... /ruidosa: ....
  – limpia: .... /sucia: ....
  – moderna: .... /antigua: ....
  – turística: ....
  – cosmopolita: ....
• Identificar:
  – la capital de mi país: ....
	■ Utilizamos el verbo *estar* para hablar de su localización:
	  – en el norte: ....
	  – en el sur: ....
	  – en el este: ....
	  – en el oeste: ....
	  – en la costa: ....
	  – en el interior: ....
	  – cerca de la capital: ....
	  – lejos de la capital: ....
	  – a 90 kilómetros de la capital: ....

La negación siempre va delante del verbo: *No es muy grande.*

2.3.1. Enséñale a tu compañero las ciudades que has escrito y háblale de ellas. ¿Las conoce?

2.4. María, la amiga de René, tiene que hacer un trabajo para la Universidad y le ha mandado el siguiente mensaje.

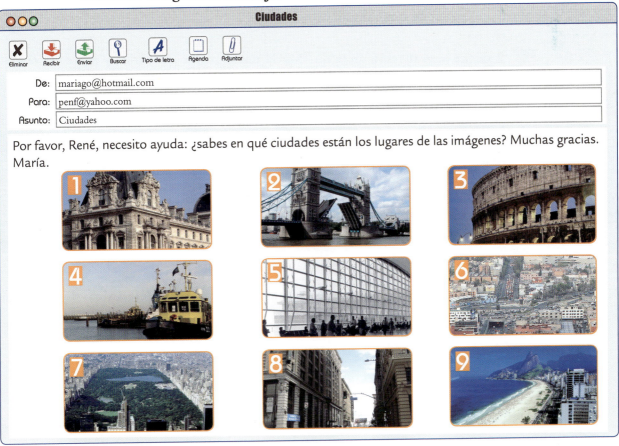

Etapa 2. Nivel A1.2

2.4.1. René ha contestado a María, pero tiene problemas con el español. Ayúdale y completa los huecos con el vocabulario que has aprendido en 2.4. Trabaja con tu compañero.

Ciudades

De: penf@yahoo.com
Para: mariago@hotmail.com
Asunto: Re: Ciudades

Hola, María:
Es muy fácil. Te ayudo, pero yo tengo un problema, no sé cómo se dicen en español las palabras que representan las imágenes: ¿puedes completarlas tú?
Gracias y un abrazo.

a. La imagen ...... es el [   ] del Louvre, en París.
b. La imagen ...... es la [   ] de Copacabana en Río de Janeiro.
c. La imagen ...... es el Coliseo, uno de los [   ] más importantes de Roma.
d. La imagen ...... es Ciudad de México, una ciudad con muchos [   ]; más de veinte millones.
e. La imagen ...... es el [   ] Támesis, en Londres.
f. La imagen ...... es el [   ] de Nueva York: el Central Park.
g. La imagen ...... también es Nueva York: el [   ] JFK.
h. La imagen ...... es el [   ] de Róterdam, muy famoso porque es el primero del mundo.
i. La imagen ...... es la ciudad de Los Ángeles, famosa por sus calles [   ].

2.5. María nos propone una adivinanza.

2.5.1. Escucha la grabación en la que María nos describe su ciudad y marca la ciudad de la que habla.

a

b

c

2.5.2. Vuelve a escuchar la grabación y toma notas de las características de la ciudad. Escribe solamente las palabras importantes.

Grande, bonita

Unidad 2

2.6. ¿Qué sabes sobre algunas ciudades de Hispanoamérica? Lee las siguientes afirmaciones y di si son verdaderas o falsas, según tu opinión. Después discute tus respuestas con las de tus compañeros.

		V	F
[1]	Montevideo no tiene playa.	☐	☐
[2]	Montevideo es una ciudad turística.	☐	☐
[3]	México tiene monumentos importantes.	☐	☐
[4]	Santiago de Chile tiene calles estrechas.	☐	☐
[5]	México D.F. está cerca de la costa.	☐	☐
[6]	Buenos Aires es una ciudad cosmopolita.	☐	☐
[7]	Bogotá es una ciudad antigua.	☐	☐
[8]	Buenos Aires no tiene puerto.	☐	☐
[9]	Santiago de Chile es una ciudad pequeña.	☐	☐
[10]	Bogotá es famosa por sus museos.	☐	☐

2.7. Mira la actividad anterior y completa el siguiente cuadro. Pregunta a tu profesor las palabras que no recuerdes. Trabaja con tu compañero.

Hablar de ciudades

1. Para hablar de las características de una ciudad también usamos el verbo ....

Tiene:
- Muchos/cuatro mil habitantes.
- Río/un río importante/famoso.
- Monumentos importantes/famosos/antiguos.
- Un museo (importante, famoso).
- Aeropuerto/un aeropuerto famoso.
- Un parque (importante/famoso).
- Playa/una playa famosa.
- Puerto/un puerto importante/famoso.
- (Las) calles anchas.
- (Las) calles estrechas.

2. Para resaltar una característica de una ciudad podemos usar: .... *famosa por*.

.... **famosa por:**

el/la...

su/sus...

Es famosa por la playa.
Es famosa por su museo.

2.8. Vamos a adivinar ciudades. Dividid la clase en 5 grupos.

2.8.1. Vuestro profesor os va a repartir a cada grupo una tarjeta con información sobre una ciudad.

2.8.2. Vuestros compañeros tendrán que adivinar vuestra ciudad. Para ello os harán preguntas sobre sus características y ubicación. Solamente podéis responder *sí* o *no*.

Etapa 2. Nivel A1.2

2.9. Vamos a conocer más tu ciudad y la de los compañeros de la clase. Tu profesor te explicará qué tenéis que hacer. Pero primero lee la siguiente explicación.

> **Fíjate**
> 1. Utilizamos *Creo que* para expresar una información de la que no estamos seguros.
> 2. Usamos *Me gustaría saber* cuando queremos o deseamos conocer algo.

3 Comprar en la ciudad

3.1. René estará en España tres meses. Necesita saber los establecimientos que existen en España para hacer la compra. Para ayudarle, habla con tu compañero y completa la siguiente tabla según vuestra opinión.

	Hipermercado	Supermercado	Tiendas pequeñas	Tiendas de inmigrantes
Horario.				
Posibilidad de encontrar todo tipo de productos.				
Cerca de casa.				
Posibilidad de más ofertas.				
Un aspecto positivo.				

3.1.1. Comprar en un establecimiento o en otro depende de las necesidades de la persona. René ha hecho una lista de los alimentos que él considera básicos en un viaje. Léela y completa la primera columna de la tabla con los nombres de los productos que tú necesitas. Tu profesor te mostrará cómo se dicen en español.

	Columna 1	Columna 2
1. Alimentos para el desayuno.		
2. Alimentos necesarios para cocinar.		
3. Alimentos fáciles y rápidos de cocinar.		
4. Bebidas.		
5. Otros alimentos.		

3.1.2. En esta audición, René explica qué productos necesita. Escucha y completa la columna 2 de la tabla anterior.

Unidad 2

3.2. Completa los espacios de los siguientes cuadros.

Hacer la compra

1. Alimentos envasados

Los productos de un supermercado normalmente se compran con estos envases y medidas.

A Una .... de: atún, espárragos, sardinas...	**B** Una .... de: aceite, vinagre, leche, vino...
C Un .... de: tomate, pimientos...	**D** Un .... de: sal, azúcar, café, cereales, pan de molde, arroz...
E Un yogur.	

2.

Alimentos frescos	Tiendas o departamentos
a. **Fruta:** un kilo de naranjas, manzanas, plátanos, peras... **Verduras y hortalizas:** medio kilo de tomates, zanahorias...	Frutería
b. **Carne:** ternera, pollo, cerdo...	
c. **Embutidos:** 100 gramos de jamón, un cuarto (1/4) de chorizo...	Carnicería. Pollería
d. Una .... de huevos.	
e. Una .... de pan.	Panadería

3.3. Otra posibilidad para hacer la compra son los mercados tradicionales o mercados de abastos. ¿Sabes lo que es un mercado? Mira la foto y lee la siguiente noticia. Pregunta a tu profesor las palabras que no comprendas.

Mercados de Abastos

La ministra de Agricultura, Pesca y Alimentación habló hoy del importante papel que los mercados tradicionales o de abastos tienen en las grandes y pequeñas ciudades, y la promoción de estos es uno de sus objetivos.

3.3.1. La ministra de Agricultura quiere promocionar los mercados porque las pequeñas tiendas que hay en ellos están desapareciendo. Existe una polémica entre los empresarios de las grandes superficies y los comerciantes de pequeñas empresas. Vamos a simular un debate entre ellos. Tu profesor te explicará qué tienes que hacer.

Argumentar y contraargumentar

No sé, pero yo creo que... es una forma cortés y suave de presentar un argumento a favor de algo.

Sí, es verdad, pero... y *Sí, puede ser, pero...* son estructuras corteses y suaves de presentar un contraargumento.

Etapa 2. Nivel A1.2

3.4. [R] **Para aprender las frases más habituales que utilizamos en el mercado, vamos a ir a una frutería. Elige, según tu opinión, la opción correcta.**

Ir a la tienda

1. En la tienda la pregunta que hace el dependiente y que significa "¿qué quiere comprar?" es:

   a. ¿Qué le pongo?   **b. ¿Qué va a tomar?**   **c. ¿Qué pongo?**

2. El cliente, para pedir lo que quiere comprar, dice:

   a. Quiero comprar 1 kg de naranjas.   **b. ¿Dónde están las naranjas?**

   c. ¿Me pone 1 kg de naranjas?

3. Para preguntar el precio antes de comprar, el cliente dice:

   a. ¿Cuánto es?   **b. ¿A cómo están los plátanos?**   **c. ¿Puedo pagar con tarjeta?**

4. El dependiente, para preguntar si el cliente quiere comprar más, dice:

   a. ¿Quiere más cosas?   **b. ¿Algo más?**   **c. ¿Qué desea más?**

5. Para pagar, el cliente dice:

   a. La cuenta, por favor.   **b. Quiero pagar.**   **c. ¿Cuánto es?**

3.4.1. [5] **Escucha la grabación y comprueba tus respuestas anteriores.**

3.4.2. [R] **Completa los espacios en blanco.**

Para hablar de la existencia o falta de algo

Afirmativo	Negativo	Afirmativo	Negativo
(1) .... ¿Quiere (2) .... más?	Nada (3) .... más.	*Algún/alguna/algunos/ algunas* + nombre ¿ (4) .... cosa más?	Ninguno/a

3.5. [BLA] **Estos son los diálogos que un cliente, Esteban, tiene en una frutería y en una carnicería, pero están mezclados. Fíjate en su lista de la compra y en parejas separad las frases; después, oralmente, simulad las conversaciones en cada una de las tiendas.**

Lista de la compra

Frutería:
1/2 kilo de peras
1 kilo de naranjas
1/2 kilo de manzanas

Carnicería:
1/4 de jamón
1 kilo de chuletas de cordero

Dependiente: Hola. Buenos días.
Cliente: ¿A cómo están las chuletas de cordero?
Cliente: ¿Me pone medio de peras?
Cliente: Hola.
Dependiente: ¿Qué quería?
Dependiente: A 2 euros.
Dependiente: ¿Algo más?
Dependiente: Aquí tiene. ¿Algo más?
Dependiente: Son 12 euros.
Cliente: Pues, me pone un kilo.
Dependiente: Son 6 euros.
Dependiente: ¿Qué le pongo?

Cliente: Nada más, gracias. ¿Cuánto es?
Dependiente: ¿Algo más?
Dependiente: Hola. Buenos días.
Dependiente: ¿Alguna cosa más?
Cliente: ¿A cómo están las manzanas?
Cliente: Pues, un cuarto de jamón.
Cliente: Pues, me pone medio de manzanas y un kilo de naranjas.
Dependiente: A 7 euros, y la carne es muy fresca.
Cliente: No, gracias. ¿Cuánto es?
Cliente: Buenos días.

Unidad 2

Unidad 3

Intercambios: la casa

Tareas:
- Ayudar a René sobre qué hacer en la casa de su intercambio.
- Informar a René sobre algunos comportamientos sociales en España.

Contenidos funcionales:
- Hablar de las tareas de la casa.
- Expresar acciones que están ocurriendo.
- Pedir favores.
- Conceder y denegar favores y permiso.
- Hacer una petición o ruego.
- Responder a una petición o ruego.

Contenidos lingüísticos:
- Presente de indicativo.
- Expresiones de frecuencia.
- La perífrasis *estar* + gerundio.
- *Poder* + infinitivo.
- *Se puede/No se puede.*

Contenidos léxicos:
- Las tareas de la casa.

Contenidos culturales:
- Las excusas.
- Normas sociales.

1 Casa y familia de intercambio para René

1.1. Dividid la clase en dos grupos. Uno va a describir las dos casas que os dará vuestro profesor y el otro las dos familias. Tenéis que relacionar cada casa con su familia.

1.2. Un intercambio de casa es un alojamiento más barato, pero una de las obligaciones es que hay que limpiar la casa. Vamos a aprender el vocabulario de las tareas de la casa para poder ayudar a René. Vuestro profesor os dará unas tarjetas que tenéis que pegar al lado de la imagen correspondiente.

1.3. Mira el siguiente cuadro con el vocabulario de las tareas de la casa y dibuja al lado de cada expresión una imagen que te ayude a recordar su significado.

Vocabulario de las tareas de la casa

1. Limpiar el polvo	2. Limpiar el baño	3. Limpiar los cristales
4. Poner y quitar la mesa	5. Hacer la cama	6. Fregar el suelo

Etapa 2. Nivel A1.2

Continúa ▷

23
[veintitrés]

7. Fregar los cacharros   **8.** Barrer   **9.** Hacer la comida   **10.** Pasar la aspiradora

11. Poner la lavadora   **12.** Tender   **13.** Planchar   **14.** Tirar la basura

1.3.1. Tu profesor te va a dar una tarjeta para practicar el vocabulario anterior.

1.4. La casa de la familia Gómez está limpia porque son muy organizados y comparten las tareas; además tienen una asistenta que se llama Galia. Escucha y marca en la tabla qué miembro de la familia hace cada tarea.

	Carlos	Noelia	Héctor	Galia	Frecuencia
1. Limpiar el polvo.					una vez a la semana
2. Hacer las camas.					
3. Fregar el suelo.					
4. Hacer la comida.					
5. Barrer.					
6. Hacer la cena.					
7. Poner la lavadora.					
8. Tender la ropa.					una vez al día
9. Poner y quitar la mesa.					
10. Tirar la basura.					
11. Pasar la aspiradora.					
12. Fregar los cacharros.					
13. Planchar la ropa.					una vez por semana
14. Limpiar los cristales.					

1.4.1. Vuelve a escuchar y marca en la columna de la derecha con qué frecuencia hace cada miembro de la familia Gómez sus tareas.

Unidad 3

1.5. Repasa con un compañero la actividad 1.4.1. y completa el cuadro.

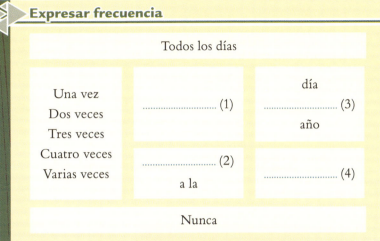

Expresar frecuencia

Todos los días		
Una vez	.... (1)	día .... (3)
Dos veces		
Tres veces		año
Cuatro veces	.... (2)	
Varias veces	a la	.... (4)
Nunca		

1.6. Explica a tu compañero quién y con qué frecuencia hace las tareas en tu familia. ¿Quién de los dos colabora más en casa?

- En mi casa, mi hermano friega el suelo una vez a la semana…
- Pues en la mía, mi mujer…

Recuerda

Los verbos *poner* y *hacer* son irregulares en la 1.ª persona del presente de indicativo: *pongo, hago*.

Fíjate: *fregar* y *tender* tienen cambio e ➡ ie: *tiendo, friego*.

1.7. ¿Recuerdas a la familia Salcillo? Les gustaría hacer el intercambio con René, pero creen que tienen que ser un poco más ordenados. Mira los papeles con las tareas de cada uno que han pegado en la puerta de su frigorífico.

Pasar la aspiradora
Tender la ropa

Fregar el suelo
Poner la mesa

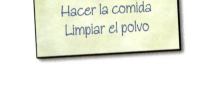
Hacer la comida
Limpiar el polvo

1.7.1. La realidad es diferente. Mira la imagen: en este momento nadie está haciendo sus tareas. Lee el texto y busca las diferencias con las imágenes.

Etapa 2. Nivel A1.2

[1] El padre no está pasando la aspiradora ni está tendiendo la ropa. Se está afeitando y está escuchando la radio en su habitación.

[2] La madre no está haciendo la comida, tampoco está limpiando el polvo. En este momento está leyendo una revista y está hablando por teléfono.

[3] Los hijos no están fregando el suelo ni están poniendo la mesa. Ahora la hija mayor está viendo la tele, su hermana está durmiendo y el hijo está jugando a la videoconsola en su habitación.

1.7.2. Para hablar de acciones que están ocurriendo en este momento usamos la estructura *estar* + gerundio. Mira el texto de la actividad 1.7.1. y completa el siguiente cuadro gramatical.

Hablar de acciones que están ocurriendo en el momento en el que hablamos

estar + gerundio

(Yo)	estoy
(Tú)	....
(Él/ella/usted)	....
(Nosotros/as)	....
(Vosotros/as)	estáis
(Ellos/ellas/ustedes)	....

+

pasar	→	pas**ando**
poner	→	....
salir	→	sal**iendo**

Irregulares

dormir	→	....
leer	→	....
oír	→	oyendo
decir	→	diciendo

Los verbos reflexivos tienen dos opciones. Observa:

- *(afeitarse)*
  *El padre **se** está afeitando = El padre está afeitándo**se**.*

- *(ducharse)*
  ***Me** estoy duchando = Estoy duchándo**me**.*

1.8. Para saber qué están haciendo ahora todos los miembros de la familia Gómez, dividid la clase en parejas (A y B).

Alumno A

1. Pregunta a tu compañero qué están haciendo Héctor y Noelia. Escríbelo en los espacios.

Héctor ....
....
Noelia ....
....

2. Di a tu compañero qué están haciendo Galia y Carlos.

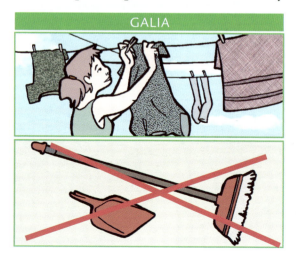
GALIA

CARLOS

Unidad 3

Alumno B

1. Di a tu compañero qué están haciendo Héctor y Noelia.

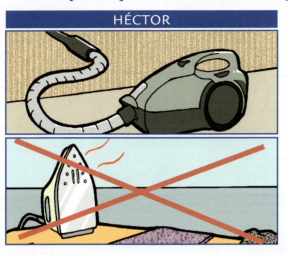

2. Pregunta a tu compañero qué están haciendo Galia y Carlos. Escríbelo en los espacios.

Galia ....
....

Carlos ....
....

1.9. Los padres de la familia Salcillo están de viaje este fin de semana. Sus hijos han hecho una fiesta en casa. Observa la imagen que te muestra tu profesor y en parejas escribid frases, verdaderas o falsas, sobre lo que están haciendo.

[1] .... [4] ....
[2] .... [5] ....
[3] .... [6] ....

2 Favores, peticiones y ruegos

2.1. A los Salcillo no les gusta trabajar y piden favores a los otros miembros para hacer sus tareas. Lee estos diálogos y clasifica las frases escribiéndolas en los cuadros.

- ¿Puedes pasar la aspiradora? No sé cómo funciona.
- Vale, pero me das cinco euros.
- ¿Puedes poner la mesa? Es que estoy en lo más interesante del juego.
- No, lo siento, es que estoy viendo la tele.
- Venga, por favor, que voy a perder mis puntos.
- No insistas, no puedo.

Pedir favores	Hacer una petición o ruego
1.	1. ....
2.	2. ....
3.	
4.	

Responder afirmativamente	Responder negativamente
1.	1. ....
2.	2. ....

2.2. Esto es lo que hemos aprendido con los diálogos de la familia Salcillo. Completa los espacios.

Favores y ruegos

Pedir favores

1. ¿... + infinitivo?

Hacer una petición o ruego

1. Por ....
2. Te lo ....

Respuesta afirmativa

1. Sí, [....
       cómo no.
       por supuesto.]
2. ....
3. Bueno.

Respuesta negativa

1. No, lo .... , no puedo.
2. No ....

Observa:
Cuando respondemos de manera negativa a un favor, es frecuente poner una excusa o dar una explicación. En la lengua oral normalmente se hace con *es que…* También se puede utilizar para explicar por qué pides el favor.

2.3. Para practicar lo que hemos aprendido, tu profesor te va a dar una tarjeta. Tienes que buscar al compañero que tiene relación contigo.

Unidad 3

2.4. **Para practicar.**

[1] Ponte de acuerdo con un compañero de la clase para hacer intercambio de casa.

[2] Piensa en favores que quieres pedirle cuando esté en tu casa.

[3] En parejas, simulad la conversación para hacer el intercambio:

– Explica cómo es tu casa y tu barrio.

– Pide los favores que has pensado y si responde negativamente puedes insistir.

– Responde de manera afirmativa o negativa a las peticiones de tu compañero. Si la respuesta es negativa no olvides poner una excusa, recuerda que puedes decir qué estás haciendo en ese momento.

3 Los comportamientos sociales

3.1. Mira este cartel, piensa dónde puedes verlo y después coméntalo con tu compañero.

3.1.1. ¿Todos habéis pensado en los museos? Probablemente hay diferencias entre nuestros países. Para informar a René vamos a conocer cuál es el comportamiento más frecuente en España en algunas situaciones sociales. En parejas, leed las frases y discutid sobre si estas acciones son normales o no en España. Escribid los números de cada una en el cuadro según vuestra opinión.

[1] No abrir los regalos delante de la persona que te los da.
[2] Hacer fotos en los museos.
[3] Cuando estás en un restaurante y no terminas toda la comida, pedirla para llevarla a casa.
[4] Estar en el trabajo o en clase con gorra.
[5] Insistir cuando alguien no acepta tu invitación.
[6] Eructar en un lugar público después de la comida.
[7] Llevar una botella de vino cuando te invitan a comer en una casa.
[8] Presentar a alguien sin explicar quién es.
[9] Estar sin zapatos en lugares públicos.
[10] Continuar en la mesa del restaurante después de terminar de comer.

En España	
Se puede hacer	**No se puede hacer**

Etapa 2. Nivel A1.2

3.1.2. Poned en común con la clase vuestras opiniones anteriores.

3.1.3. Lee el siguiente texto y comprueba las respuestas de 3.1.1.

En los restaurantes normalmente se puede estar hablando en la mesa después de terminar de comer, pero no se puede pedir la comida que queda en el plato para llevarla a casa. Después de la comida, no se puede eructar en ningún caso, es de mala educación.

Cuando alguien te invita en su casa a una bebida o comida, es normal insistir si tú no aceptas la invitación. Si te invitan a comer o cenar, es frecuente llevar una botella de vino o algún dulce para el postre.

Al recibir un regalo no se puede dar las gracias y guardarlo, lo normal es abrirlo en el momento y decir que te gusta mucho.

Los españoles a menudo damos explicaciones innecesarias, si presentamos a alguien no se puede decir solo el nombre de la persona, es frecuente explicar la relación que tienes con esa persona. Por ejemplo: "Esta es Lorena, mi sobrina, la hija de mi hermana".

En el lugar de trabajo o de estudios no se puede estar con una gorra en la cabeza, lo normal es quitársela, aunque con la moda actual hay algunas excepciones. Tampoco se puede estar sin zapatos, es de mala educación. Nadie pide a sus invitados en su casa que se quiten los zapatos, es muy extraño.

3.1.4. Piensa en los comportamientos sociales más característicos de tu país o cultura. Dividid la clase en tríos y hablad de ellos. Finalmente, contad a la clase si hay muchas diferencias y similitudes.

En mi país normalmente no se puede ....
.... pero se puede ....

4 Recordar

4.1. Hasta hoy he aprendido…

[1] Frases para contar rutinas del fin de semana. Por ejemplo:

[2] Frases para hablar de gustos. Por ejemplo:
[3] Frases con *saber/conocer* y *qué/cuál*. Por ejemplo:
[4] Frases para comprar en el supermercado. Por ejemplo:
[5] Frases para hablar de ciudades con *ser* y *estar*. Por ejemplo:
[6] Vocabulario de tareas de la casa. Por ejemplo:
[7] Frases con *estar* + gerundio. Por ejemplo:
[8] Frases para pedir un favor. Por ejemplo:

Unidad 3

Unidad 4

Intercambios: el plan

Tareas:
- Participar en un programa de radio sobre intercambios.
- Conocer diferentes experiencias de intercambios.

Contenidos funcionales:
- Expresar planes y proyectos.
- Preguntar por los planes de los otros.
- Expresar necesidad, obligación o instrucción de manera personal e impersonal.
- Dar consejos y recomendaciones.
- Valorar y pedir valoración.
- Expresar aprobación y desaprobación.
- Expresar sentimientos.

Contenidos lingüísticos:
- *Ir a* + infinitivo.
- *Tener que* + infinitivo.
- *Hay que* + infinitivo.
- *¿Qué tal...?*
- *Bien, muy bien...*
- *¡Qué bien/mal/aburrido...!*
- *¡Qué nervios!/¡Qué estrés!*

Contenidos léxicos:
- Ocio, tiempo libre, viajes, proyectos, espectáculos.
- Movimientos juveniles: la movida y el botellón.
- Normas y comportamientos en el ámbito laboral.

1 Intercambios: un programa de radio

1.1. La empresa Intercambiocasa.com nos informa de que han preparado un programa de radio para hablar de experiencias sobre intercambios de casas. Este es el *e-mail* que nos han mandado.

Programa de radio

De: intercambiocasa@hotmail.com
Para: intercambios@mail.com
Asunto: Programa de radio

Queremos informarte de que tenemos preparado un programa de radio sobre intercambios. Las personas que no vivís en el país podéis seguir el programa a través de nuestra página web: www.intercambiocasa.com

Fecha de emisión del programa	Persona invitada	Motivo del intercambio	Temas
Lunes 20 de abril de 12.00 a 14.00	Pedro Mosalve (venezolano)	Vacaciones	www.intercambiocasa/vacaciones.com
Martes 21 de abril de 12.00 a 14.00	Suzanne Lewis (inglesa)	Trabajo	www.intercambiocasa/trabajo.com
Miércoles 22 de abril de 12.00 a 14.00	Joao Conseisao (brasileño)	Aprender una lengua (español)	www.intercambiocasa/aprenderunalengua.com

Si quieres tener más información sobre los temas de los que vamos a hablar cada día, entra en la página web que te indicamos en cada caso.

Etapa 2. Nivel A1.2

31
[treinta y uno]

1.1.1. En las páginas web que nos indican hemos encontrado la siguiente información. Relaciona los tres elementos de esta tabla.

① ¿Qué puedo hacer para aprender mejor?

② ¿Qué necesito saber para vivir y trabajar en España?

③ Planificar el tiempo para conocer la ciudad y el país.

ⓐ Martes 21 de abril.

ⓑ Miércoles 22 de abril.

ⓒ Lunes 20 de abril.

① Instrucciones y necesidades.

② Planes.

③ Recomendaciones y consejos.

2 Un programa de radio: hacer planes

2.1. Hoy es 20 de abril y empieza el programa. El locutor entrevista a Pedro sobre sus planes de vacaciones en España. Antes de escuchar, lee los planes que tiene Pedro y escríbelos en el espacio correspondiente. Fíjate en las acciones que necesita hacer para su plan.

conocer a fondo a la gente de allí ■ probar la comida del país ■ visitar los lugares turísticos
hacer excursiones y visitar los alrededores ■ alquilar un coche

1. Va a *alquilar un coche*
- ✓ Mirar precios de alquileres en Internet.
- ✓ Ir a una oficina de alquiler de coches.
- ✓ Informarse de las normas de tráfico del país.

2. Va a ....
- ✓ Relacionarse con las personas del país.
- ✓ Intentar hacer amigos.

3. Va a ....
- ✓ Visitar páginas de Internet.
- ✓ Comprar una guía.
- ✓ Ir a la oficina de turismo de la ciudad.

4. Va a ....
- ✓ Mirar en la guía los lugares cercanos a la ciudad.
- ✓ Preguntar a la gente de la ciudad: a los vecinos, al camarero.
- ✓ Preguntar en la oficina de turismo por los medios de transporte para poder ir a esos lugares.

5. Va a ....
- ✓ Comprar la *Guía del ocio* de la ciudad.
- ✓ Consultar en la guía direcciones y nombres de los restaurantes.

2.1.1. Escucha y comprueba tus respuestas anteriores.

Unidad 4

2.2. Completa los espacios en blanco.

Planes en el futuro

Para hacer planes en el futuro utilizamos la siguiente estructura:

ir	a +	infinitivo
(Yo) voy		.... los lugares de interés turístico de la ciudad.
(Tú)		.... excursiones y visitar los alrededores.
(Él/ella/usted)	a	.... la comida típica del país.
(Nosotros/as)		.... un coche para viajar.
(Vosotros/as) vais		.... a fondo a la gente del país.
(Ellos/ellas/ustedes)		

Utilizamos los siguientes referentes de tiempo para hablar del futuro:

- mañana
- pasado mañana
- en + mes (*enero, febrero,* etc.)
- el + día (*lunes, martes,* etc.)
- la próxima semana = la semana que viene
- el próximo mes = el mes que viene
- el próximo año = el año que viene
- el próximo lunes = el lunes que viene

Ejemplo: *Mañana voy a ir a la oficina de turismo de la ciudad.*
En julio voy a ir de vacaciones a España.
El próximo mes voy a alquilar un coche para viajar.

2.2.1. Alberto, otro oyente, también ha llamado para contar sus planes. Pero hay un problema técnico y no podemos oír las preguntas que hace el locutor. Escucha la grabación con la entrevista a Alberto y completa las preguntas para cada una de las respuestas.

[1] ¿Cómo te llamas?
[2] ¿Dónde .... de intercambio?
[3] ¿Cómo .... ?
[4] ¿Cuánto .... vas .... ?
[5] ¿Qué .... hacer allí?

2.2.2. Escribe un ejemplo al lado de cada pregunta.

Para preguntar sobre planes

¿Qué...?	Ejemplo: ....
¿Dónde...?	Ejemplo: ....
¿Cuándo...?	Ejemplo: ....
¿Cuánto tiempo...?	Ejemplo: ....
¿Cómo...?	Ejemplo: ....

2.3. Para practicar, vais a participar en el programa de radio y contar vuestros planes para un intercambio. En parejas simulad la entrevista entre el locutor y el participante. Pensad en: el lugar, el tiempo, las actividades, las visitas, etc.

Etapa 2. Nivel A1.2

2.4. Madrid puede ser uno de los destinos de René y quiere conocer algunas de sus posibilidades culturales. Para ayudarle hemos comprado la *Guía del ocio*. Léela y contesta a las preguntas de René.

Guía del Ocio

- cine
- teatro y danza
- arte y museos
- restaurantes
- música
- de compras
- libros

Música

Flamenco
Casa Patas.
C/ Cañizares, 10.
Cuadro flamenco con
Remedios Heredia.
Viernes 27 y sábado 28.
Entrada: 30 euros.

Jazz y blues
Café Berlín.
Jacometrezo, 4.
Jaime Marqués Trio.
Domingo 8 a las 22.45 horas.
Entrada: 12 euros.

Pop-rock
Sala Sol
C/ Jardines, 3.
La sala Sol celebra el 30
aniversario de **La Movida Madrileña** con artistas como: Loquillo, Siniestro Total, etc.

Cine

Princesa
Princesa 3,
Plaza de España.
www.cinesrenoir.com.
Precio: 6 euros.
Sábados, domingos y festivos 6,20 euros.
El laberinto del fauno.
Sala 7: 16.00, 18.10, 20.20, y 22.30 horas.

La vida de los otros.
(V.O. en alemán subtitulada).
Sala 6: V y S 19.20 y 22.00. D 19.20 horas.

Cinesa Capitol
Gran vía, 41.
Precio: 5,55 euros. X día del espectador: 4,05 euros.
The Messengers.
16.30, 18.30, 20.30 y 22.30 horas.
El velo pintado.
16.15, 19.45, 20.30 y 22.30 horas.

Yelmo Cineplex Ideal
Doctor Cortezo, 6.
Precio: 6,40 euros. L día del espectador: 4,90 euros.
Matinales: S y D, 5,10 euros.
Days of glory.
V. O. en francés subtitulada.
16.20, 19.45 y 22.15 horas.
El jefe de todo esto.
V. O. en danés subtitulada.
16.05, 18.20, 22.30 horas.

Teatro y danza

El Alfil
Pez, 10.
Star Trip. Director: David Ottone. Compañía Yllana. Con Fidel Fernández, Juan Ramos, Raúl Cano y Antonio Pagudo.
Duración: 1,15h. Comedia. Ironía de las personas y situaciones típicas de las películas de ciencia ficción.

Teatro Muñoz Seca
Plaza del Carmen, 1.
El Buscón de Francisco de Quevedo.
Director: Francisco Negro.
Compañía: Teatro Clásico Morfeo. Con Francisco y Maite Bona.
Comedia. Adaptación de la obra literaria de Quevedo.

Valle-Inclán
Plaza de Lavapiés, s/n.
Mujeres soñaron caballos.
Director: Daniel Veronese.
Drama. Tres hermanos y sus parejas se encuentran en una cena y hablan sobre su vida.

Arte y museos

Museo del Prado
P.º del Prado, s/n.
Tel. 91 330 29 00
Horario: de M a D de 9 a 20 horas (incluido festivos). L cerrado.
Entrada: 6 euros.
Entrada gratuita: jubilados, menores de edad.
La más importante colección de Goya, Velázquez, Murillo, etc.

Reina Sofía
Santa Isabel, 52 (Atocha).
Tel. 91 774 10 00.
Horario. De L a S de 10.00 a 21.00. D de 10.00 a 14.30 horas, M cerrado.
Entrada: 6 euros.
Entrada gratuita S desde las 12.30 horas, y menores de edad y jubilados.
Recorrido por las tendencias del siglo XX: Dalí, Picasso... y la mejor pintura española contemporánea.

Museo Thyssen-Bornemisza
P.º del Prado, 8.
Tel. 91 369 01 51.
Horario: de M a D de 10.00 a 19.00 horas (incluido festivos) L cerrado.
Entrada: 6 euros. Exposición temporal, 5 euros.
Pintura desde los flamencos italianos hasta el siglo XX.

---

1. ¿Qué día cierra el museo Thyssen-Bornemisza?

2. ¿A qué hora cierra el museo Reina Sofía los domingos?

3. ¿Dónde se pueden ver cuadros de Goya?

4. ¿Cuál es el cine más barato?

5. ¿Qué día de la semana es normalmente el día del espectador?

6. ¿Dónde está el teatro Valle-Inclán?

7. ¿Cuánto puede costar la entrada para un concierto de jazz?

8. ¿Dónde se puede escuchar flamenco?

Unidad 4

2.5. Mira las siguientes imágenes: muestran dos movimientos juveniles en Madrid: la movida y el botellón. Di si estas frases son verdaderas o falsas.

	Verdadero	Falso
1. En la movida los mayores son muy importantes.	☐	☐
2. Enrique Tierno Galván fue alcalde de Madrid.	☐	☐
3. En España, en los años ochenta, en los pubs se escucha música inglesa.	☐	☐
4. La creatividad es importante en la movida.	☐	☐
5. Alaska es una diseñadora de moda.	☐	☐
6. El grupo musical Mecano hace música rock.	☐	☐
7. Un director de cine muy importante en la movida es Pedro Almodóvar.	☐	☐
8. Los bares son muy importantes en el botellón.	☐	☐
9. Hacer botellón es reunirse en un parque para beber y hablar con los amigos.	☐	☐
10. Actualmente, en Madrid, se puede beber alcohol en los parques.	☐	☐

2.5.1. Lee el texto que te va a dar tu profesor y comprueba las respuestas. Compáralas con tu compañero y corrige las respuestas falsas.

3 Un programa de radio: recomendaciones y consejos personales

3.1. Continuamos con el programa: hoy es 21 de abril. Suzanne está en la radio: es la primera vez que viaja a un país para vivir y trabajar. Dos oyentes, Paloma y Amparo, llaman al programa para ayudarla. Escucha y relaciona los dos elementos de cada columna.

- a) una cuenta (banco)
- b) colegio
- c) asistenta
- d) los transportes públicos
- e) una academia
- f) la gente
- g) un curso de cocina

- 1) abrir [a]
- 2) contratar ☐
- 3) relacionarse con ☐
- 4) buscar ☐
- 5) apuntarse a ☐
- 6) informarse de ☐
- 7) matricularse en ☐

Etapa 2. Nivel A1.2

3.2. **Mira la transcripción de la grabación anterior que tienes debajo y completa la explicación.**

> **Tener que**
>
> 1. Para expresar necesidades, obligaciones o instrucciones de manera personal utilizamos la estructura:
>
>   .... + infinitivo
>
>   Ejemplo: .... abrir una cuenta en el banco.
>   .... contratar a una asistenta.
>
> 2. Para dar consejos y recomendaciones también utilizamos la estructura:
>
>   .... + infinitivo
>
>   Ejemplo: .... matricularte en una academia.
>   .... apuntarte a un curso de cocina.
>
> 3. La conjugación completa es:
>
>   (Yo) ....
>   (Tú) ....
>   (Él/ella/usted) ....
>   (Nosotros/as) .... + infinitivo
>   (Vosotros/as) ....
>   (Ellos/ellas/ustedes) ....

Oyente 1, Paloma:

Pues mira, según mi experiencia, una de las cosas que tienes que hacer es abrir una cuenta en el banco; otra, tienes que informarte de los transportes públicos que hay en la ciudad: metro, autobuses… También, si tienes hijos, pues… tienes que buscar un colegio para ellos y, si trabajas todo el día, no vas a tener mucho tiempo, por eso, tienes que contratar a una asistenta.

Oyente 2, Amparo:

Yo creo que también vas a tener que aprender muy bien la lengua del país, por eso tienes que matricularte en una academia y relacionarte con la gente ¡Ah! y en los cursos se conoce a mucha gente; tienes que apuntarte a un curso de cocina, por ejemplo; o… mmm… si te gusta el deporte, a un gimnasio.

3.3. **Muchas personas han escrito en el foro del programa para ayudar a Suzanne. Lee las recomendaciones de los oyentes y habla con tus compañeros: ¿qué necesita o qué puede hacer Suzzane en cada uno de los casos?**

Unidad 4

3.3.1. Vamos a participar en el foro del programa para ayudar a Suzanne. Dividid la clase en parejas y completad los espacios en blanco de la ficha que te va a dar tu profesor.

3.3.2. Para tener la información completa y poder participar en el programa, dividid la clase en tríos con un miembro de cada pareja y compartid la información. Escucha a tus compañeros y toma nota.

- Para .... Suzanne tiene que ....
- Para .... Suzanne tiene que ....
- Para .... Suzanne tiene que ....
- Para .... Suzanne tiene que ....

3.4. Suzanne va a vivir y trabajar en España y tiene las siguientes ideas acerca de las costumbres y leyes laborales de España. Las siguientes afirmaciones son falsas. Discute con tus compañeros por qué.

[1] La jornada laboral es de 50 horas semanales.
[2] La jornada laboral menos frecuente es de lunes a viernes.
[3] Los españoles generalmente no se relacionan con los compañeros a la salida del trabajo.
[4] Se puede fumar en las zonas habilitadas para fumadores.
[5] En todas las empresas es necesario llevar traje.
[6] En las empresas españolas no hay una pausa para comer.
[7] En muchas empresas las vacaciones son de una semana al año.

3.4.1. Compara las anteriores afirmaciones con tu país y compártelo con tus compañeros.

4. Hacer recomendaciones y dar consejos de forma impersonal

4.1. La empresa Intercambiocasa.com ofrece "El ABC del intercambio". Da unas recomendaciones generales y muy importantes para que todo sea perfecto. Léelas y con tu compañero escribe en los espacios en blanco la palabra que corresponde a la definición de la columna de la derecha.

Antes de la llegada del intercambio

Hay que hacer una lista de los nombres y teléfonos importantes de policía, (1) ...hospitales..., etc.	**1.** Lugar al que vas cuando estás enfermo; en plural.
Hay que escribir una nota con las instrucciones de la televisión, el DVD, la (2)	**2.** Objeto de la casa que se usa para lavar la ropa.
Hay que dejar ropa de cama (3)	**3.** Adjetivo, lo contrario de *sucia*.
Hay que dejar espacio en los (4)	**4.** Mueble que se usa para guardar la ropa.
Hay que dejar (5) .... y champú.	**5.** Producto de aseo para lavarse el cuerpo.

Cuando termina el intercambio

Hay que (6) .... un regalo.	**6.** Verbo contrario de *vender*.
Hay que dejar las cosas (7)	**7.** Adjetivo contrario de *desordenadas*.
Hay que llenar el (8)	**8.** Objeto de la cocina para poner alimentos y que estén fríos.
Hay que (9) .... la casa.	**9.** Verbo general que se usa para barrer, fregar, pasar la aspiradora, etc. en una casa.
Hay que (10) .... las camas.	**10.** Acción para que la cama esté ordenada, normalmente por las mañanas.

4.1.1. La empresa Intercambiocasa.com da unas recomendaciones generales, no se dirige a nadie en concreto. Fíjate en la estructura que se repite en los consejos de la actividad anterior y completa los espacios en blanco.

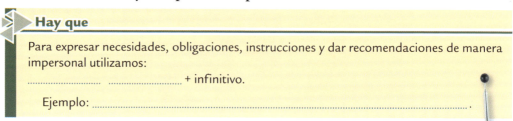

> **Hay que**
>
> Para expresar necesidades, obligaciones, instrucciones y dar recomendaciones de manera impersonal utilizamos:
> .... + infinitivo.
>
> Ejemplo: ....

4.2. ¿Cuál es el ABC para integrarse bien en el trabajo en tu país? Escribe un texto con recomendaciones teniendo en cuenta las leyes y normas sociales.

4.3. El programa del día 22 (recomendaciones para aprender español) ha sido suspendido y tenemos que ayudar a João Conseisao. Dividid la clase en grupos de cuatro y haced una lista de ocho recomendaciones para que João aprenda mejor el español.

Unidad 4

38
[treinta y ocho]

5 Intercambios: ¡Qué experiencia!

5.1. En la página web de Intercambiocasa.com, la empresa pide a sus clientes que valoren sus experiencias de intercambios. Lee los siguientes mensajes y dibuja en el espacio en blanco el *emoticono* que corresponda.

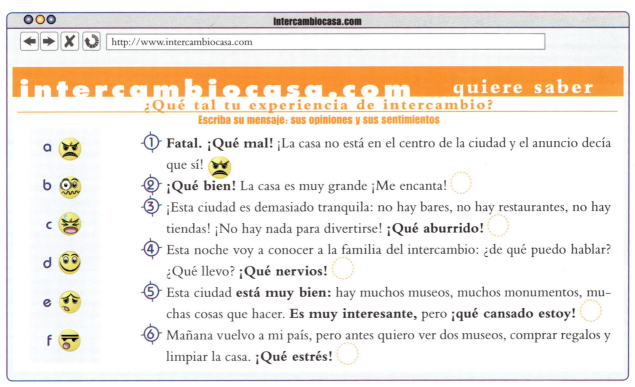

5.1.1. Vuelve a leer los anteriores mensajes y clasifica las frases resaltadas en la columna correspondiente.

Sentimientos y emociones

Para valorar una experiencia, aprobarla y desaprobarla	Para expresar nuestros sentimientos	Para pedir una valoración
		¿Qué tal...?

5.1.2. Habla con tus compañeros.

¿Qué situaciones en España te producen los siguientes sentimientos?	¿Qué situaciones o experiencias en España valoras de la siguiente manera?
• ¡Qué aburrido! • ¡Qué contento/a! • ¡Qué nervioso/a! • ¡Qué estrés!	• mal • bien • muy mal • muy bien • fatal • interesante

Etapa 2. Nivel A1.2

Unidad 5

Intercambios: la cita

Tareas:
- Participar en la planificación de un fin de semana.
- Ayudar a René con sus citas en España.

Contenidos funcionales:
- Hacer sugerencias y proponer planes.
- Expresar preferencias.
- Aceptar y quedar.
- Rechazar los planes con cortesía.
- Mostrar acuerdo y desacuerdo a una sugerencia.
- Corregir información y pedir confirmación de información.
- Expresar impresiones sobre el carácter de otros.

Contenidos lingüísticos:
- Estructuras para hacer sugerencias y proponer planes.
- Estructuras para mostrar acuerdo y desacuerdo.
- *Yo prefiero* + infinitivo.
- *Me gustaría* + infinitivo.
- *No es el viernes, ¿verdad?*
- *Es el sábado, ¿no?*
- *Ser* + adjetivo.
- *Tener* + sustantivo.

Contenidos léxicos:
- Viajes y lugares.
- Adjetivos de carácter.

Contenidos culturales:
- Comportamientos culturales relacionados con invitaciones.
- Lugares de interés hispanos.

1 Comunicarse. René encuentra intercambio

1.1. Dividid la clase en dos grupos. Uno de cada grupo tiene que dibujar en la pizarra la palabra o expresión que os va a enseñar vuestro profesor. Los demás tenéis que adivinar qué está dibujando. El primer grupo que lo dice tiene un punto.

1.2. René va a intercambiar casa con Iván. Este es el *e-mail* que escribe a René contándole sus proyectos en su viaje a París. Léelo y completa la columna de la tabla de la página siguiente con los planes de Iván.

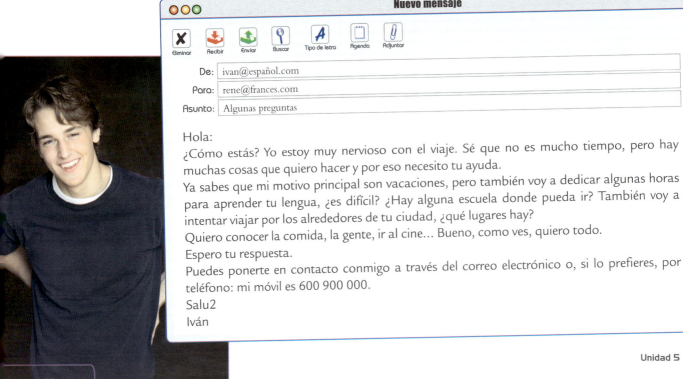

Nuevo mensaje

De: ivan@español.com
Para: rene@frances.com
Asunto: Algunas preguntas

Hola:
¿Cómo estás? Yo estoy muy nervioso con el viaje. Sé que no es mucho tiempo, pero hay muchas cosas que quiero hacer y por eso necesito tu ayuda.
Ya sabes que mi motivo principal son vacaciones, pero también voy a dedicar algunas horas para aprender tu lengua, ¿es difícil? ¿Hay alguna escuela donde pueda ir? También voy a intentar viajar por los alrededores de tu ciudad, ¿qué lugares hay?
Quiero conocer la comida, la gente, ir al cine... Bueno, como ves, quiero todo.
Espero tu respuesta.
Puedes ponerte en contacto conmigo a través del correo electrónico o, si lo prefieres, por teléfono: mi móvil es 600 900 000.
Salu2
Iván

Motivo principal para hacer el intercambio	Planes y proyectos
Vacaciones	[1] .... Aprender la lengua. .... [2] .... [3] .... [4] .... [5] ....

1.3. Iván no es muy específico en su correo, por eso René, para ayudarle, quiere hacerle algunas preguntas sobre sus planes. En las paredes de la clase vas a encontrar las preguntas de René. Léelas y relaciónalas con sus proyectos: coméntalo con la clase.

1.3.1. [10] Iván ha dejado un mensaje en su buzón de voz contestando a las preguntas anteriores. Escucha y escribe las respuestas.

Respuestas de Iván
[1] ....
[2] ....
[3] ....
[4] ....
[5] ....

2 Hacer sugerencias

2.1. [11] Tres amigos, Isabel, Emilio y Daniel, hablan de sus planes. Escucha y contesta a las preguntas.

1 ¿Qué va a hacer Emilio el puente de mayo?
....

2 ¿A qué lugares de España les propone ir?
....

3 ¿Aceptan todos? ....

2.1.1. [11] Vuelve a escuchar la conversación y busca:

[1] Tres preguntas para hacer una sugerencia:

¿.. otra ronda?

¿Por qué no .... ?

¿............ apetece .... los monasterios?

[2] Una respuesta afirmativa a la sugerencia:
....

[3] Una respuesta negativa a la sugerencia:
....

Etapa 2. Nivel A1.2

41
[cuarenta y uno]

2.2. Vamos a aprender otras frases para preguntar y responder sobre planes. En la conversación anterior Isabel y Emilio acordaron buscar información sobre La Rioja. Estos son los primeros *e-mail* que se mandan. El correo de Isabel tiene un archivo adjunto con la *Guía del ocio* de Pamplona. Lee los *e-mail*, mira el adjunto y di el número del restaurante y el bar de copas que sugiere a Emilio.

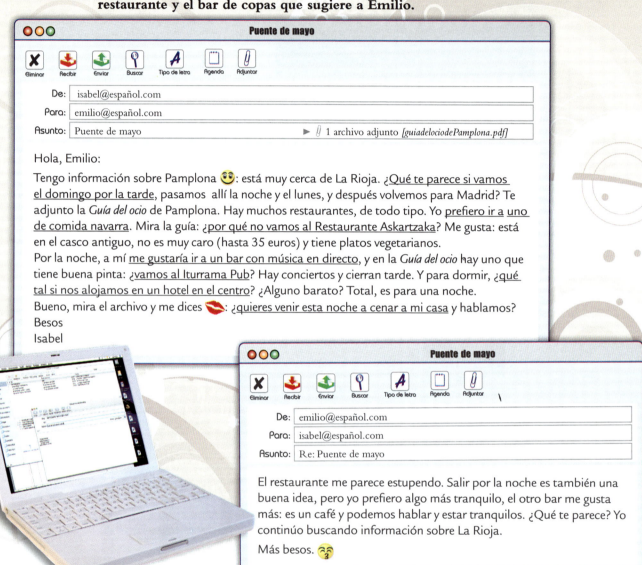

Puente de mayo

De: isabel@español.com
Para: emilio@español.com
Asunto: Puente de mayo   ▶ 1 archivo adjunto *[guiadelociodePamplona.pdf]*

Hola, Emilio:

Tengo información sobre Pamplona 😊: está muy cerca de La Rioja. ¿Qué te parece si vamos el domingo por la tarde, pasamos allí la noche y el lunes, y después volvemos para Madrid? Te adjunto la *Guía del ocio* de Pamplona. Hay muchos restaurantes, de todo tipo. Yo prefiero ir a uno de comida navarra. Mira la guía: ¿por qué no vamos al Restaurante Askartzaka? Me gusta: está en el casco antiguo, no es muy caro (hasta 35 euros) y tiene platos vegetarianos.

Por la noche, a mí me gustaría ir a un bar con música en directo, y en la *Guía del ocio* hay uno que tiene buena pinta: ¿vamos al Iturrama Pub? Hay conciertos y cierran tarde. Y para dormir, ¿qué tal si nos alojamos en un hotel en el centro? ¿Alguno barato? Total, es para una noche.

Bueno, mira el archivo y me dices 💋: ¿quieres venir esta noche a cenar a mi casa y hablamos?
Besos
Isabel

Puente de mayo

De: emilio@español.com
Para: isabel@español.com
Asunto: Re: Puente de mayo

El restaurante me parece estupendo. Salir por la noche es también una buena idea, pero yo prefiero algo más tranquilo, el otro bar me gusta más: es un café y podemos hablar y estar tranquilos. ¿Qué te parece? Yo continúo buscando información sobre La Rioja.

Más besos. 😚

2.2.1. Fíjate en las frases subrayadas del *e-mail* de Isabel y escribe, con tu compañero, los ejemplos del siguiente esquema.

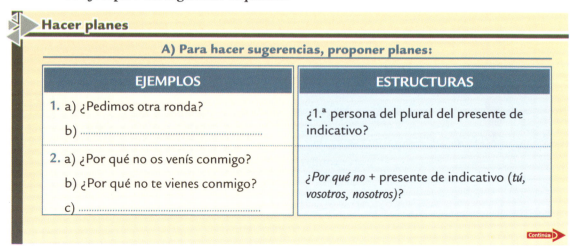

Hacer planes

A) Para hacer sugerencias, proponer planes:

EJEMPLOS	ESTRUCTURAS
1. a) ¿Pedimos otra ronda? b)	¿1.ª persona del plural del presente de indicativo?
2. a) ¿Por qué no os venís conmigo? b) ¿Por qué no te vienes conmigo? c)	¿Por qué no + presente de indicativo (*tú, vosotros, nosotros*)?

Continúa ▶

Unidad 5

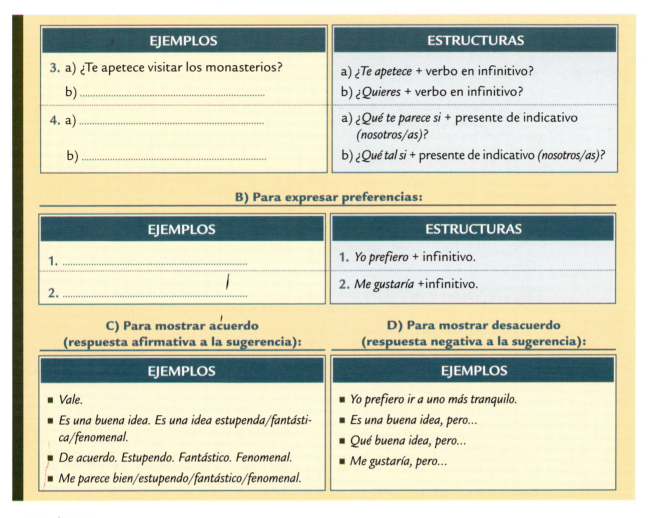

EJEMPLOS	ESTRUCTURAS
3. a) ¿Te apetece visitar los monasterios? b)	a) ¿Te apetece + verbo en infinitivo? b) ¿Quieres + verbo en infinitivo?
4. a) .... b)	a) ¿Qué te parece si + presente de indicativo (nosotros/as)? b) ¿Qué tal si + presente de indicativo (nosotros/as)?

B) Para expresar preferencias:

EJEMPLOS	ESTRUCTURAS
1.	1. Yo prefiero + infinitivo.
2.	2. Me gustaría + infinitivo.

C) Para mostrar acuerdo (respuesta afirmativa a la sugerencia):

EJEMPLOS
- Vale.
- Es una buena idea. Es una idea estupenda/fantástica/fenomenal.
- De acuerdo. Estupendo. Fantástico. Fenomenal.
- Me parece bien/estupendo/fantástico/fenomenal.

D) Para mostrar desacuerdo (respuesta negativa a la sugerencia):

EJEMPLOS
- Yo prefiero ir a uno más tranquilo.
- Es una buena idea, pero...
- Qué buena idea, pero...
- Me gustaría, pero...

2.3. Emilio sigue buscando información sobre La Rioja. Ha encontrado una página interactiva con datos sobre dónde está situada y posibles itinerarios. Mira la página web donde está Emilio.

2.3.1. Dividid la clase en cuatro grupos, cada uno va a pinchar en un enlace diferente para conseguir información. Leed el texto que os dará vuestro profesor y responded a las preguntas. Después tenéis que juntaros un miembro de cada equipo para contaros lo que habéis averiguado sobre La Rioja.

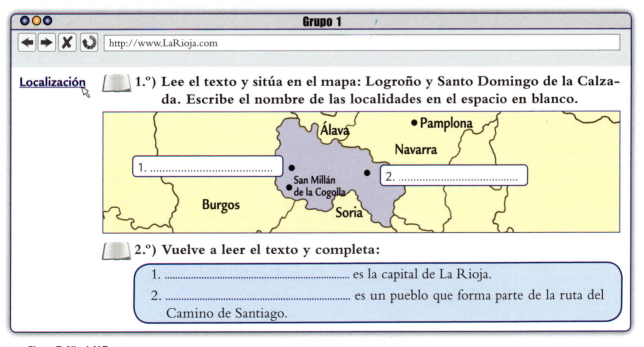

Etapa 2. Nivel A1.2

Grupo 2

http://www.LaRioja.com

Itinerarios   Paseo por los monasterios más importantes: Suso y Yuso

📖 1.º) Lee el texto y marca con una x en el siguiente mapa el pueblo donde están los monasterios.

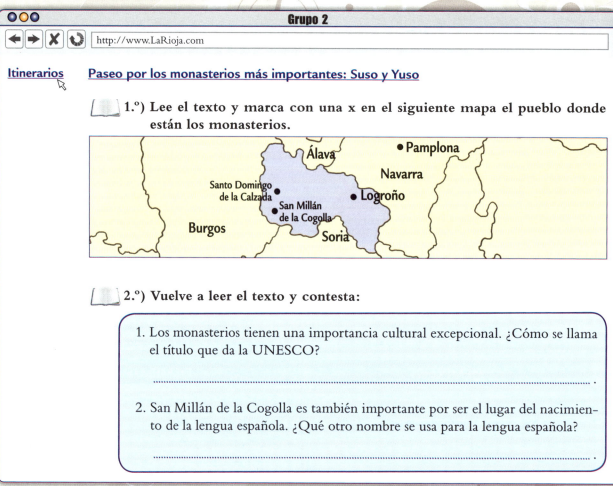

📖 2.º) Vuelve a leer el texto y contesta:

1. Los monasterios tienen una importancia cultural excepcional. ¿Cómo se llama el título que da la UNESCO?

   ....

2. San Millán de la Cogolla es también importante por ser el lugar del nacimiento de la lengua española. ¿Qué otro nombre se usa para la lengua española?

   ....

Grupo 3

http://www.LaRioja.com

Itinerarios   Cuevas de Ortigosa y Parque Natural Sierra Cebollera

📖 Lee el texto y contesta:

1. ¿Cuál es el horario de visitas guiadas a las Cuevas de Ortigosa? Sábados y domingos de .... a .... y de .... a ....

2. ¿Qué actividad se puede hacer en el Parque Natural Sierra Cebollera?

   ....

Grupo 4

http://www.LaRioja.com

Itinerarios   Ruta del vino

📖 Lee el texto y completa:

1. Hay más de .... bodegas.

2. Recomiendan visitar el .... de la Cultura del Vino.

3. Se puede comer en una bodega-restaurante: uno de los platos típicos tradicionales es "................... a la riojana".

Unidad 5

44
[cuarenta y cuatro]

2.3.2. Emilio ha escrito este *e-mail* a Isabel. Lee y completa los espacios en blanco con frases para hacer sugerencias y mostrar acuerdo o desacuerdo con la información de la página web anterior.

Puente de mayo

De: emilio@español.com
Para: isabel@español.com
Asunto: Re: Puente de mayo

Hola, Isabel. Ya tengo la información sobre los monasterios 😆: se llaman *Yuso y Suso* (1): son muy importantes porque son Patrimonio de la Humanidad; el pueblo donde están se llama San Millán de la Cogolla, es el lugar del origen del .... (2). Tienen que ser muy interesantes. ¿............... (3) ir a verlos? Hay también visitas a lugares naturales que tienen muy buena pinta: las .... (4) de Ortigosa y el .... (5) Sierra Cebollera. El problema es el horario de visita guiada (sábados y domingos de .... a .... (6) por la mañana y de .... a .... (7) por la tarde, ¿qué .... (8) si vamos por la mañana el sábado? El domingo a mí me .... (9) ir al parque y pasar el día haciendo deporte. ¿Qué piensas?
Ah, también tengo información sobre el vino, para comprar algunas botellas, y además podemos comer el plato más tradicional: "............... (10) a la riojana" en una de ellas. ¿Por .... (11) vamos el sábado después de la visita a las cuevas?
Lo vamos a pasar genial.
Besos mil.
Emilio

2.4. Para practicar, vamos a escribir mensajes. Piensa en tres planes que te gustaría hacer con algún compañero de la clase.

2.4.1. Cuenta al resto de la clase los planes que te han aceptado: qué y con quién vas a hacerlos.

2.5. Imagina que eres Emilio: escribe un *e-mail* a Daniel con los planes que tenéis para el puente de mayo. Él no puede ir, pero invítale otra vez. No olvides que en España es normal insistir en la invitación.

3 Las citas de René

3.1. Iván da las gracias a René porque le ha hecho algunas sugerencias para su estancia en París. Lee su *e-mail* de respuesta con información sobre los contactos que puede tener en España y completa las siguientes preguntas, según tu opinión. Discútelo con la clase.

¿Quién/es crees que...

1. .... se va a ofrecer a enseñarle la ciudad?
2. .... van a invitarle a una fiesta en su casa?
3. .... va a invitarle a cenar en su casa?
4. .... va a hacer una fiesta de despedida en la casa de Iván antes de volver a su país?

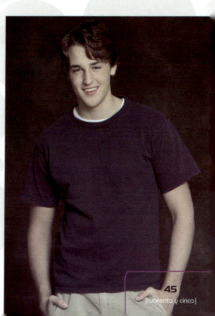

Continúa

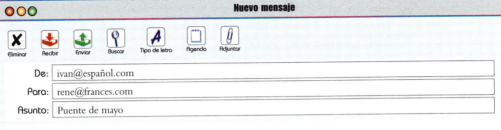

Nuevo mensaje

De: ivan@español.com
Para: rene@frances.com
Asunto: Puente de mayo

Hola,

He recibido tu *e-mail* con las sugerencias y me parece todo perfecto, aunque no sé si voy a tener tiempo para todo. 😠 Gracias también por ponerme en contacto con tus amigos y familia.

Aquí tienes los móviles de las personas a las que puedes llamar sin problema en España (también les he dejado tu número):

Mi vecino se llama Miguel (690456650), es muy divertido y le gusta experimentar con la cocina. Normalmente el resultado está bien, pero a veces… 😵

Mi hermana Natacha (639838570) es encantadora. Estudia Arte y le encanta esta ciudad.

Rocío y Pablo son mis amigos de toda la vida (620398670). Puedes llamarlos con total confianza para todo lo que necesites.

Suerte para los dos,
Iván

3.2. Vamos a ayudar a René y simular las conversaciones que puede tener con los amigos de Iván. ¿Con qué situaciones crees que se va encontrar? Piensa que René es la primera vez que está en España y no conoce a nadie. Coméntalo con la clase.

3.2.1. Situación 1: René acaba de llegar a la casa de Iván. Llaman a la puerta a las 18.00: es Miguel, el vecino, para invitarle a cenar. Con tu compañero, ordena el diálogo entre Miguel y René teniendo en cuenta las indicaciones que te da tu profesor.

Diálogo entre René y Miguel

Miguel: *Hola, soy Miguel, el vecino de Iván, vivo en el piso de arriba. ¿Qué tal el viaje?*

René: *Hombre, hola, el viaje largo, pero bien. Pero, pasa, pasa.*

En la casa, después de unos minutos:

(a) **René:** *Bueno, vale, muchas gracias. Pero antes me gustaría ducharme y cambiarme de ropa…*

(b) **Miguel:** *¡Claro! Estás en España y aquí no se cena hasta las 21.00 ó 22.00. ¿Te parece bien?*

(c) **René:** *Pues entonces a las 21.00 en tu casa. Gracias de nuevo.*

(d) **Miguel:** *Supongo que hoy no tienes cena en casa y estás cansado para salir fuera. ¿Te apetece cenar en mi casa esta noche?*

(e) **Miguel:** *Pues a las 21.00 en mi casa. Recuerda, el piso de arriba, la letra B.*

(f) **René:** *Sí, naturalmente, ¿a qué hora quedamos entonces?*

Unidad 5

3.2.2. Vuelve a leer el diálogo ordenado y completa el siguiente esquema.

Aceptar sugerencias

Cuando respondes afirmativamente a una sugerencia es necesario negociar y preguntar por la opinión del otro. La acción de toda esta negociación sobre la actividad, el lugar y la hora, es '...................' (1) en español. Fíjate en las expresiones que utilizamos:

Para empezar a negociar el día, la hora o el lugar.	¿Cuándo / ¿A qué hora / ¿Dónde / ¿Cómo	.... ? (2)
Para proponer un día, hora o lugar.	Podemos .... el lunes/el sábado...(3) ¿Qué tal / ¿Qué te parece — el lunes / el sábado? / a las siete? ¿Te .... bien en la puerta del cine? (4)	
Para mostrar desacuerdo con la opción propuesta y expresar preferencia.	No me va bien tan pronto = Prefiero más tarde. No me va bien tan tarde = Prefiero más pronto. No me va bien en la puerta del cine, prefiero en la salida del metro.	
Para confirmar todos los datos de la cita.	Entonces, ... a las siete en la salida del metro. (5)	

3.2.3. Situación 2: Rocío llama a René para invitarle a una fiesta en su casa. Mira las notas de René y con tu compañero simulad la conversación por teléfono.

a. Lugar: casa de Pablo y Rocío.
b. Dirección: C/ Mirador, 77, 1.º derecha.
c. Hora: 21.30.
d. Día: viernes.
e. Otros invitados: Natacha, Miguel y otros amigos.

3.2.4. Escucha la conversación entre Rocío y René. En los datos de René hay errores. Márcalos y corrígelos.

3.2.5. Ayuda a René y completa este SMS para Miguel confirmando los datos de la fiesta.

> **Fíjate en cómo se corrige información y se pide confirmación:**
> • La fiesta no es el viernes, ¿verdad?
> • Es el sábado, ¿no?

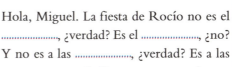

Hola, Miguel. La fiesta de Rocío no es el ...., ¿verdad? Es el ...., ¿no? Y no es a las ...., ¿verdad? Es a las ...., ¿no? Y.................... no viene a la fiesta, ¿verdad? Se va al .... con unos amigos, ¿no?

3.2.6. Revisa los contenidos culturales que aparecen en la actividad 3.2.1. y compara el comportamiento que se espera en España en estas situaciones y en tu país. Háblalo con tus compañeros.

Etapa 2. Nivel A1.2

3.2.7. **Situación n.º 3:** René quiere dar las gracias a los amigos de Iván. Quiere hacer una cena de despedida. Este es el SMS que quiere enviar a todos para confirmar los datos de la cita. Para completarlo, tu profesor te dirá qué tienes que hacer.

4 El carácter. Los amigos de Iván

4.1. René tiene la costumbre de escribir las impresiones que le causan las personas que conoce. Vamos a ayudarle con las palabras en español. Lee sus notas, piensa en cómo se dice en tu lengua ese adjetivo para describir la personalidad, busca la palabra en español en el diccionario y completa los espacios en blanco.

	En tu lengua	En español
Natacha no tiene problemas para relacionarse con la gente.		❶ S _ _ _ _ B _ _
Pablo habla muy poco con los demás.		❷ T _ _ I _ O
Miguel siempre llega a la hora que quedamos.		❸ P U _ _ _ A _
Rocío nunca llega a la hora.		❹ I M _ _ _ T _ _ _
Iván tiene la casa muy organizada: los libros en la estantería, la ropa en el armario…		❺ O _ D _ _ _ _ O
Natacha nunca encuentra nada en su bolso.		❻ D E S _ _ D _ _ _ _ _
Miguel se pone un poco nervioso cuando tengo problemas con el español y tardo mucho tiempo en hablar.		❼ I M P _ C I _ _ _ T E
A Pablo, sin embargo, no le importa el tiempo que tarde en terminar las frases.		❽ P A C _ _ _ _ _

4.2. Mira las anteriores palabras que se pueden utilizar para hablar de la personalidad y, junto con tu compañero, elaborad un test de personalidad para hacer a los demás y así conoceros más.

4.2.1. Haz el test a cuatro compañeros y después escribe una nota con tus impresiones sobre su personalidad.

5 Reflexiona

5.1. Completa en clase o en casa las siguientes frases.

[1] He aprendido ....
[2] Tengo problemas para recordar ....
[3] Las estrategias que puedo utilizar para comunicarme oralmente son ....
[4] Las estrategias que puedo utilizar para comprender audiciones son ....
[5] Las estrategias que puedo utilizar para comprender textos son ....

Unidad 5

48
[cuarenta y ocho]

Libro de ejercicios

Etapa 2
Intercambios

Nivel A1.2

© Editorial Edinumen, 2009.
© **Equipo Entinema:** Beatriz Coca del Bosque, Anabel de Dios Martín, Sonia Eusebio Hermira, Elena Herrero Sanz, Macarena Sagredo Jerónimo.
  Coordinación: Sonia Eusebio Hermira.
© **Autoras de este material:** Beatriz Coca del Bosque, Elena Herrero Sanz, Macarena Sagredo Jerónimo.

Coordinación editorial:
Mar Menéndez

Fotografías:
Archivo Edinumen

Editorial Edinumen
José Celestino Mutis, 4.
28028 Madrid
Teléfono: 91 308 51 42
Fax: 91 319 93 09
e-mail: edinumen@edinumen.es
www.edinumen.es

Diseño y maquetación:
Carlos Yllana y Ana Gil

Ilustraciones:
Carlos Yllana

Reservados todos los derechos. No está permitida la reproducción parcial o total de este libro, ni su tratamiento informático, ni transmitir de ninguna forma parte alguna de esta publicación por cualquier medio mecánico, electrónico, por fotocopia, grabación, etc., sin el permiso previo y por escrito de los titulares del copyright.

Índice de contenidos

Unidad 1	Intercambios: la persona	51
Unidad 2	Intercambios: la ciudad	57
Unidad 3	Intercambios: la casa	63
Unidad 4	Intercambios: el plan	70
Unidad 5	Intercambios: la cita	76

Las soluciones y transcripciones de los ejercicios puedes consultarlas en **www.edinumen.es/eleteca**

Unidad I

Intercambios: la persona

I.I. Completa las siguientes frases con las palabras del cuadro.

> barato ■ hacer intercambios ■ alojarse
> hacer turismo ■ destino

1. Me encanta ...., creo que es otra forma de viajar muy interesante.

2. Cuando visito una ciudad nueva lo que más me gusta es .... y hacer fotos de todos los lugares importantes que veo.

3. Muchas veces cuando preparo unas vacaciones, voy a la agencia de viajes y elijo el .... dependiendo de las ofertas.

4. Creo que es más cómodo .... en hoteles céntricos, aunque normalmente son más caros.

5. Puede salir mucho más .... buscar un viaje por Internet que en una agencia de viajes. A veces, la diferencia es de más de 60 euros.

I.I.I. Define qué significan las palabras anteriores.

• Hacer un intercambio: ....
....
....

• Destino: ....
....
....

• Barato: ....
....
....

• Hacer turismo: ....
....
....

• Alojarse: ....
....
....

I.2. Relaciona las tres columnas y escribe diferentes actividades de tiempo libre.

• Ir	en	• una cena.
• Hacer	a	• fuera.
• Salir	con	• la casa.
• Ver	de	• cenar.
• Limpiar	ø	• tapas.
• Quedarse		• una película.
• Quedar		• la compra.
• Preparar		• amigos.
		• compras.
		• la televisión.
		• casa.

1. ....
2. ....
3. ....
4. ....
5. ....
6. ....
7. ....
8. ....
9. ....
10. ....
11. ....
12. ....

I.3. Escucha las palabras y escribe el verbo adecuado.

[13]

> **Ejemplo:** Escuchas *de tapas.*
> Escribes *ir.*

1. .... **6.** ....
2. .... **7.** ....
3. .... **8.** ....
4. .... **9.** ....
5. .... **10.** ....

Etapa 2. Nivel AI.2

I.4. Lee las definiciones y escribe la actividad de tiempo libre correspondiente.

1. Estar en casa sin salir.
   ....

2. Ir con amigos a diferentes lugares: el bar, el teatro...
   ....

3. Ir a una ciudad diferente, al campo, a un pueblo.
   ....

4. No hacer nada.
   ....

5. Ir al supermercado y comprar comida.
   ....

6. Ir a las tiendas y comprar ropa.
   ....

7. Escuchar a un grupo de música en directo.
   ....

I.5. Relaciona las imágenes con los verbos correspondientes del cuadro.

> ir al Rastro ■ ver una exposición ■ descansar ■ limpiar la casa
> hacer la compra ■ quedar con amigos ■ ir de tapas ■ quedarse en casa

1. ....

2. ....

3. ....

4. ....

5. ....

6. ....

7. ....

8. ....

Unidad I | Libro de ejercicios

I.6. Completa los siguientes verbos regulares.

	descansar	quedar	quedarse
Yo		*quedo*	
Tú			*te quedas*
Él/ella/usted	*descansa*		
Nosotros/as		*quedamos*	
Vosotros/as	*descansáis*		*os quedáis*
Ellos/ellas/ustedes		*quedan*	

I.7. Observa el verbo *hacer* y escribe el verbo *salir*.

	hacer	salir
Yo	*hago*	
Tú	*haces*	
Él/ella/usted	*hace*	
Nosotros/as	*hacemos*	
Vosotros/as	*hacéis*	
Ellos/ellas/ustedes	*hacen*	

I.8. Coloca las formas verbales en la columna correspondiente.

vemos ■ voy ■ van ■ veis ■ vas ■ vais
veo ■ ve ■ vamos ■ ves ■ va ■ ven

	ir	ver
Yo		
Tú		
Él/ella/usted		
Nosotros/as		
Vosotros/as		
Ellos/ellas/ustedes		

I.9. Escucha los siguientes verbos y escribe el infinitivo y la persona a la que se refieren.
[14]

1. *ver/nosotros*
2. ....
3. ....
4. ....
5. ....
6. ....
7. ....
8. ....
9. ....
10. ....
11. ....
12. ....

I.10. Escucha y ordena los adverbios de frecuencia de más a menos.
[15]

1. ....
2. ....
3. ....
4. ....
5. ....

I.11. Completa los espacios con el verbo adecuado según el significado de la frase.

1. Mi padre .... la compra normalmente el sábado por la mañana.
2. Mi novia y yo .... con amigos los sábados por la noche.
3. Chicos, ¿............................... una película juntos esta noche?
4. A menudo los domingos por la tarde mis amigos .... en casa tranquilamente.
5. No me gusta cocinar, por eso nunca .... una cena para mucha gente.
6. ¿Con qué frecuencia .... de compras sola?
7. Juan, ¿............................... fuera normalmente los fines de semana?
8. Siempre .... a conciertos con mi marido, a los dos nos gusta mucho la música en directo.

Etapa 2. Nivel AI.2

1.12. Completa el siguiente texto: en los números escribe la forma correcta del verbo entre paréntesis y en las letras completa la expresión de tiempo libre.

¡Hola! Me llamo Javier y quiero hablaros de lo que hace mi familia en su tiempo libre. Mi hermano Carlos, que tiene 20 años y es el mayor, los sábados **(1)** ....*queda*........ *(quedar)* con sus amigos y a veces todos **(2)** .... *(ir)* a un **(a)** ......*concierto*...... de rock, porque les gusta mucho este tipo de música. Los domingos **(3)** .... *(descansar)*, porque dice que está muy estresado con sus estudios.

A mi hermana Laura le encanta **(4)** .... *(ir)* de **(b)** .... los sábados por la mañana; así que tiene su armario lleno de ropa. Por la noche **(5)** .... *(ir)* de **(c)** .... con sus compañeros de instituto; van siempre al mismo bar, porque les encantan sus especialidades. Los domingos, a veces **(6)** .... *(ir)* al Rastro.

Mis padres el sábado **(7)** .... *(limpiar)* la casa y **(8)** .... *(hacer)* **(d)** .... en un supermercado que está cerca de casa. Por la noche, a veces, **(9)** .... *(salir)* a **(e)** ...., su restaurante preferido es un italiano que se llama Paparazzi.

Y yo, los sábados **(10)** .... *(descansar)* por la mañana y por la tarde muchas veces **(11)** .... *(ver)* **(f)** .... en casa de un amigo, porque su tele tiene una pantalla muy grande. Los domingos no hago nada, porque ya estoy pensando en las clases del lunes.

1.13. Completa las siguientes frases.

1. Normalmente los domingos por la tarde ....

2. Los sábados por la noche nunca ....

3. A menudo los sábados por la mañana ....

4. Siempre los viernes por la noche ....

5. Los domingos por la mañana a veces ....

6. No .... nunca los viernes por la tarde.

7. Los domingos por la noche a menudo ....

1.14. Lee el siguiente texto.

Hola, me llamo Luis y os voy a contar qué hago normalmente los fines de semana.

Los viernes por la tarde trabajo hasta las seis, así que normalmente voy a ver exposiciones o al cine. Por la noche suelo quedar con amigos, pero a veces me quedo en casa tranquilamente.

Los sábados por la mañana casi siempre hago la compra, es el único día que puedo. Por las tardes descanso, leo o veo películas en la tele.

A menudo los domingos por la mañana voy al Rastro, me encanta pasear y mirar todos los puestos. Algunos domingos por la tarde voy de tapas con mis amigos y así no tengo que preparar nada de cena.

1.14.1. Vas a escuchar el mismo texto, pero con cinco diferencias. Escríbelas.

[16]

Ej. Los viernes por la tarde nunca trabaja.

1. ....

2. ....

3. ....

4. ....

5. ....

Unidad 1 | Libro de ejercicios

54
[cincuenta y cuatro]

1.15. **Haz preguntas sobre los elementos subrayados de las siguientes respuestas.**

Ej. ¿Qué hacéis los domingos por la mañana?
Los domingos por la mañana normalmente <u>vamos al Rastro</u>.

1. ¿..?
<u>Nunca</u> limpio la casa los fines de semana.

2. ¿Con qué frecuencia..?
<u>A veces</u> María va a exposiciones.

3. ¿..?
Pablo y Miguel <u>salen</u> fuera todos los fines de semana.

4. ¿..?
<u>Nunca</u> hago la compra los sábados.

5. ¿..?
Siempre <u>limpiamos la casa</u> los lunes.

1.16. **Elige las seis acciones de tiempo libre adecuadas del cuadro y completa el texto.**

> hacer la compra ■ ir al Rastro ■ salir fuera ■ limpiar la casa ■ quedarse en casa
> ver una película ■ quedar con amigos ■ ver la televisión ■ ver una exposición ■ ir de compras

Mi novio y yo pasamos mucho tiempo juntos los fines de semana. Los viernes por la tarde normalmente **(1)** .... en algún museo o galería de arte. A menudo vamos a su casa y **(2)** .... que siempre alquilamos en el video club de un amigo. A veces los sábados por la mañana **(3)** .... a ver a mis sobrinos, que viven en un pueblo cerca de Madrid. Los sábados por la tarde a menudo **(4)** ...., nos encantan las tiendas de la calle Fuencarral, y por la noche **(5)** .... en algún bar, o en una casa.

Los domingos por la mañana **(6)** ...., nos gusta mucho mirar los puestos de libros y discos antiguos. Los domingos por la tarde él vuelve a su ciudad, vivimos a 90 kilómetros.

1.17. **Escribe un texto explicando qué haces los fines de semana y con qué frecuencia.**

1.18. **Completa las frases con la opción correcta.**

1. Me encantan…
   a. las patatas fritas .... ☐
   b. escuchar música .... ☐

2. Me gusta mucho...
   a. las hamburguesas .... ☐
   b. la fruta .... ☐

3. No me gusta nada…
   a. los dulces .... ☐
   b. limpiar la casa .... ☐

4. Me gustan…
   a. las películas de aventuras .... ☐
   b. ir a conciertos .... ☐

5. No me gusta…
   a. hacer la compra .... ☐
   b. los zumos de naranja .... ☐

Etapa 2. Nivel A1.2

I.19. Elige la opción correcta.

1. Me encantan las patatas fritas.
- **a.** A mí sí.
- **b.** A mí no.

2. No me gusta nada hacer la compra los sábados por la mañana.
- **a.** A mí tampoco.
- **b.** A mí no.

3. Me gustan mucho las verduras.
- **a.** A mí no.
- **b.** A mí tampoco.

4. Me gusta quedar con amigos los fines de semana.
- **a.** A mí también.
- **b.** A mí tampoco.

5. No me gustan las hamburguesas.
- **a.** A mí también.
- **b.** A mí sí.

I.20. Escribe una frase que exprese acuerdo o desacuerdo según tus gustos.

1. A mi hermana no le gusta mucho leer.

2. A nosotros no nos gustan las discotecas.

3. Me encantan los calamares.

4. A mi profesor le encanta el español.

5. No me gusta nada cocinar.

6. A mis compañeros de clase les gusta hacer ejercicios de gramática.

I.21. Completa los diálogos.

1. A mi hijo no le gusta la leche.
- ➖ **A:** *A mí, tampoco.*
- ➕ **B:** ....

2. Me gusta mucho vivir en España.
- ➕ **A:** ....
- ➖ **B:** ....

3. A mis padres les gusta ir al cine los fines de semana.
- ➖ **A:** ....
- ➖ **B:** ....

4. No me gustan las croquetas.
- ➕ **A:** ....
- ➕ **B:** ....

5. A mi madre le encanta quedar con sus amigos.
- ➕ **A:** ....
- ➖ **B:** ....

I.22. Contesta: ¿qué es lo que más te gusta de…

1. tu ciudad?

2. las clases de español?

3. la escuela donde estudias?

I.23. Contesta: ¿qué es lo que menos te gusta de…

1. tu ciudad?

2. las clases de español?

3. la escuela donde estudias?

Unidad I | Libro de ejercicios

56
[cincuenta y seis]

Unidad 2

Intercambios: la ciudad

2.1. Coloca las siguientes palabras en la columna correspondiente.

tocar el piano	el museo del Prado	París	muchas ciudades de España

unas playas muy bonitas en Grecia	hacer *windsurf*	pintar cuadros

decir algunas palabras en chino	bailar tango	jugar al golf	hablar francés

saber	conocer

2.2. Relaciona las preguntas con las respuestas correspondientes.

1. ¿Sabes tocar algún instrumento? .... •

2. ¿Y tú? ¿Sabes cocinar? .... •

3. ¿Qué idiomas sabes hablar? .... •

4. ¿Conoces algún país de África? .... •

5. ¿Conoces alguna ciudad de Argentina? .... •

6. ¿Sabes esquiar? .... •

7. Tu hermana sabe bailar flamenco muy bien, ¿no? .....•

a. Egipto y Senegal.

b. No, no sé.

c. Sí, el violín, me gusta mucho.

d. Sí, conozco Buenos Aires.

e. Sí, voy todos los inviernos a los Alpes.

f. Inglés y portugués.

g. Sí, muy bien.

2.3. Completa las siguientes frases con los verbos *saber* o *conocer*.

1. ▷ ¿ .... algún parque para pasear?
▷ Sí, el parque del Retiro es muy agradable.

2. Mi padre .... tocar el piano muy bien.

3. No .... Brasil, ¿y tú?

4. ▷ ¿ .... tocar el piano?
▷ No, no ....

5. Mi familia y yo viajamos mucho, ... muchos países.

6. Pues, yo .... hacer submarinismo y me gusta mucho.

7. Mis compañeros de trabajo .... hablar varios idiomas.

8. Mi madre .... cocinar muy bien.

2.4. Busca en esta sopa de letras 10 adjetivos para describir ciudades.

T	M	E	C	Í	U	E	S	A	R	O	C	O	E
I	S	R	C	E	N	E	D	E	E	Q	E	N	P
O	S	U	U	N	T	X	O	I	R	U	A	A	U
M	T	M	C	D	M	E	L	N	F	A	Q	T	D
T	I	Q	E	I	O	R	U	I	D	O	S	A	I
U	A	U	T	R	A	S	O	A	R	O	E	B	T
R	C	O	B	O	U	P	M	L	I	M	P	I	A
Í	O	C	O	S	M	O	P	O	L	I	T	A	T
S	R	A	N	T	I	G	U	A	E	Í	S	C	U
T	R	R	I	G	A	I	L	A	T	S	D	H	R
I	O	A	T	V	R	B	M	O	D	E	R	N	A
C	C	E	A	E	D	A	P	U	O	U	M	L	U
A	O	C	D	R	O	S	N	S	L	I	C	L	T
P	R	U	G	I	L	A	U	D	O	S	O	O	E
E	E	S	E	T	O	M	R	U	E	S	R	R	X
D	T	R	A	N	Q	U	I	L	A	E	Í	R	P

Etapa 2. Nivel A1.2

57
[cincuenta y siete]

2.5. Coloca las siguientes letras para formar adjetivos de descripción de ciudades.

1. RTUQANIAL ....
2. IASUC ....
3. ÑEPAUQE ....
4. IMAIPL ....
5. TAGANIU ....
6. ORNAMED ....
7. ITANOB ....
8. MOIPALOSCOT ....
9. AEF ....
10. EGNARD ....

2.6. Escucha las palabras y escribe el verbo adecuado (*ser/estar*).

1. ....   9. ....
2. ....   10. ....
3. ....   11. ....
4. ....   12. ....
5. ....   13. ....
6. ....   14. ....
7. ....   15. ....
8. ....

2.7. Completa estas frases sobre ciudades españolas con *ser* o *estar*.

1. Barcelona .... una ciudad cosmopolita.
2. Bilbao .... en el norte de España.
3. Cádiz .... en la costa.
4. Oviedo .... una ciudad muy limpia.
5. Granada .... una ciudad turística.
6. La Coruña .... lejos de la capital.
7. Sevilla .... cerca de la costa.
8. Ávila .... una ciudad muy bonita.
9. Segovia .... a 90 kilómetros de Madrid.

2.8. Escucha la grabación y completa la información que nos dan estas personas sobre sus ciudades.

Granada es ....
Granada está ....
Granada tiene ....
Es famosa por ....

San Sebastián es ....
San Sebastián está ....
San Sebastián tiene ....
Es famosa por ....

2.9. Lee el texto y di si estas afirmaciones son verdaderas (V) o falsas (F).

Bilbao...

		V	F
1.	...está cerca de Granada.	O	O
2.	...es una ciudad muy pequeña.	O	O
3.	...es famosa por el museo Guggenheim.	O	O
4.	...tiene muchos parques.	O	O
5.	...no tiene calles anchas.	O	O

Bilbao es una ciudad situada en el norte de España, en el País Vasco. Está en la costa, cerca de San Sebastián y Santander. Es la ciudad más grande del País Vasco (400 000 habitantes aproximadamente).

Se trata de una ciudad cosmopolita, abierta a Europa. Aunque es una ciudad industrial, el ritmo de la ciudad y el carácter de sus habitantes la hacen una ciudad muy agradable para vivir.

Tiene numerosos monumentos, pero lo más turístico es el museo Guggenheim; muchos visitantes vienen a la ciudad desde su inauguración y en verano muchos se acercan a esta ciudad para disfrutar del Festival Internacional de Jazz.

Se puede decir que Bilbao es una ciudad con numerosos estudiantes, puesto que tiene la universidad privada de Deusto, una de las más prestigiosas de España. Y debido a esto, bares, restaurantes y discotecas están por toda la ciudad.

Bilbao tiene numerosos parques y zonas verdes, el parque Casilda Iturrizar, construido en 1907, es el principal parque de la ciudad.

El casco viejo de la ciudad se caracteriza por las calles estrechas, en contraste con las anchas avenidas y calles del resto de la ciudad.

Moverse por esta ciudad es muy sencillo y cómodo puesto que tiene un buen transporte público de metro, tren y autobús.

2.10. Escribe una descripción de tu ciudad.

Etapa 2. Nivel A1.2

2.11. Relaciona los alimentos con su envase.

1.	**2.**	**3.**	**4.**

- sal ___4___
- aceite ....
- vino ....
- agua ....

- atún ....
- vinagre ....
- cereales ....
- champiñones ....

- leche ....
- pasta ....
- pan de molde ....
- tomate ....

- sardinas ....
- café ....
- mayonesa ....
- maíz ....

- arroz ....
- azúcar ....
- mermelada ....
- galletas ....

2.12. Encuentra y marca en cada columna la palabra que no pertenece a la lista, según su envase.

vino	○	sal	○	atún	○	champiñones	○
vinagre	○	azúcar	○	mayonesa	○	leche	○
café	○	cereales	○	mermelada	○	maíz	○
aceite	○	maíz	○	tomate	○	sardinas	○

2.13. Escucha y coloca los alimentos en la columna correspondiente.

[19]

1. Latas de	2. Botes de	3. Paquetes de	4. Botellas de

2.14. Escribe debajo de cada imagen el nombre de la tienda.

1. .... **2.** .... **3.** ....

2.14.1. Escribe en qué tienda puedes comprar estos alimentos.

1. chorizo .... **5.** pollo .... **9.** lechuga ....

2. zanahorias .... **6.** cebollas .... **10.** pan de molde ....

3. peras .... **7.** ternera .... **11.** manzanas ....

4. tomates .... **8.** plátanos .... **12.** barra de pan ....

Unidad 2 | Libro de ejercicios

60
[sesenta]

2.15. Relaciona las imágenes con los nombres.

- **a.** peras ....
- **b.** manzanas ....
- **c.** jamón ....
- **d.** tomates ....
- **e.** huevos ....
- **f.** pollo ....
- **g.** chorizo ....

2.16. Completa el crucigrama con alimentos.

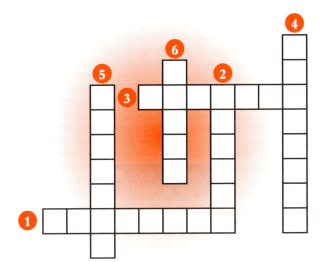

Horizontales

1. Las compras en la frutería, puedes hacer zumo con ellas.

3. La comemos en la ensalada, la compramos en la frutería.

Verticales

2. Los compras en la pollería, sirven para hacer tortilla, se compran en docenas.

4. Es una fruta, empieza por *p*.

5. Es un tipo de carne de vaca.

6. Se compran en la frutería, empieza por *p*.

2.17. Escucha las palabras de la grabación y escríbelas en la columna correspondiente.

[20]

2.18. Marca la palabra incorrecta en cada caso y escribe frases correctas.

1.
  ▷ Camarero: *Buenas/días.* ....
  ▶ Cliente: *Buenos/tardes* ....
  ▷ Camarero: *¿Qué/quería/le?* ....
  ▶ Cliente: *Un/kilo/a/plátanos* ....
  ▶ Cliente: *¿Cómo/le/debo?* ....

2.
  ▷ Dependiente: *¿Cuánto/le/pongo?* ....
  ▶ Cliente: *Un/barra/de/pan.* ....
  ▷ Dependiente: *Es/0,65€.* ....

Etapa 2. Nivel A1.2

3.
▷ Dependiente: *Buenos/tardes.* ....
► Cliente: *Hola/tardes* ....
▷ Dependiente: *¿Qué/la/pongo/?* ....
► Cliente: *Me/quiero/½/de/plátanos.* ....
▷ Dependiente: *¿Alguna/más?* ....
► Cliente: *¿De/cómo/están/las/peras?* ....
▷ Dependiente: *De/1,65€.* ....
► Cliente: *Le/pone/un/kilo.* ....
▷ Dependiente: *¿Ninguno/más?* ....
► Cliente: *Ninguna/más.* ....

2.19. Coloca las frases y tendrás un diálogo en una tienda.

1. **Dependiente:** días Buenos ¿pongo qué le?

....

2. Cliente: kilo ternera Me de filetes medio pone de.

....

3. **Dependiente:** ¿más cosa Alguna?

....

4. Cliente: ¿está jamón cómo A el?

....

5. **Dependiente:** kilo el 12€ A.

....

6. Cliente: pone cuarto Me un.

....

7. **Dependiente:** ¿más Algo?

....

8. Cliente: gracias más Nada. ¿debo Qué le?

....

> **9.** **Dependiente:** 11,30€. Aquí tiene.
> **10.** Cliente: Adiós, gracias.

2.20. Completa el siguiente diálogo con las indicaciones que tienes entre paréntesis.

▷ Dependiente: *Buenos días. ¿Qué le pongo?*
► Tú: ....
(Saludas y pides una lechuga)
▷ Dependiente: *Aquí tiene. ¿Algo más?*
► Tú: ....
(1/2 kg de tomates)
▷ Dependiente: *¿Alguna cosa más?*
► Tú: ....
(Pregunta el precio de las naranjas)
▷ Dependiente: *A 1.80€ el kilo, muy buenas.*
► Tú: ....
(Pide 1/2 kg de naranjas y 1/2 kg de peras)

▷ Dependiente: *¿Algo más?*
► Tú: ....
(No quieres comprar más)
▷ Dependiente: *Tenemos unas zanahorias frescas y buenísimas ¿Le pongo un kilo?*
► Tú: ....
(No quieres zanahorias y preguntas por el precio total).
▷ Dependiente: *Son 3,60€.*
► Tú: ....
(Pagas y te despides)

2.21. Completa las frases con las palabras del cuadro.

> nada ■ ninguno ■ ninguna ■ algún ■ alguna ■ algunos ■ algunas ■ algo

1. ¿Quiere .... más?

2. .... más.

3. No, no hay .... carnicería por aquí.

4. ¿..................... cosa más?

5. .... tiendas están desapareciendo.

6. .... supermercados están abiertos hasta las 22.00.

7. ¿Hay .... supermercado cerca de aquí?

8. No, no hay ....

Unidad 2 | Libro de ejercicios

62
[sesenta y dos]

Unidad 3

Intercambios: la casa

3.1. Relaciona los elementos de las tres columnas y forma expresiones para hablar de las tareas de la casa

- limpiar
- poner
- planchar
- fregar
- barrer
- hacer
- quitar
- tender
- pasar
- tirar

- el
- los
- la
- las
- ø

- mesa
- polvo
- lavadora
- suelo
- basura
- aspiradora
- cacharros
- camas
- comida
- cristales
- baño
- ropa
- Ø

3.2. Une cada verbo o expresión con la imagen correspondiente.

1. tender
2. fregar los cacharros
3. barrer
4. planchar
5. quitar la mesa
6. limpiar los cristales
7. pasar la aspiradora
8. hacer la cama
9. tirar la basura

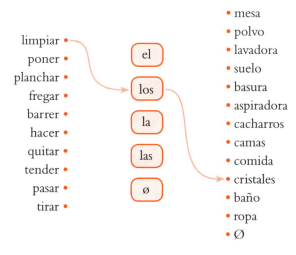
a. ☐

b. ☐

c. ☐

d. ☐

e. ☐

f. ☐

g. ☐

h. ☐

i. ☐

3.3. Completa las siguientes frases con la palabra que falta.

1. Lavar el suelo con agua es: ....
2. Después de comer o cenar, tienes que fregar los ....
3. Lo contrario de *poner* es: ....
4. Una máquina eléctrica para limpiar el suelo es una: ....
5. Lo contrario de *ensuciar* es: ....

Etapa 2. Nivel A1.2

6. Limpiar el suelo sin agua y sin la aspiradora es: ....

7. Después de tender la ropa y antes de ponértela tienes que: ....

8. Dejar la basura en la calle, en el contenedor, es: ....

9. Los restos de la comida se llaman: ....

10. Un sinónimo de *preparar la cena* es: ....

11. Todas las mañanas, después de levantarte y antes de salir de casa: .... la cama.

3.4. Escribe frases diciendo con qué frecuencia hacen estos personajes las tareas de la casa.

1. Blancanieves/hacer la comida.
Blancanieves hace la comida una vez a la semana.

2. Cenicienta/fregar, barrer, limpiar el polvo.
....

3. El lobo/planchar.
....

4. Los tres cerditos/limpiar los cristales.
....

5. La bruja/tender la ropa.
....

6. La bella durmiente/pasar la aspiradora.
....

7. Los enanitos.
....

3.5. Une los elementos de estas columnas y escribe expresiones de frecuencia.

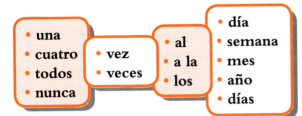

1. Una ....
2. Cuatro ....
3. Todos ....
4. ....

3.5.1. Escribe utilizando las expresiones del ejercicio anterior qué actividades realizas tú con esa frecuencia.

1. ....

2. ....

3. ....

4. ....

3.6. Di con qué frecuencia realizas las siguientes actividades.

- Ir al cine:
  ....
- Hacer la cama:
  ....
- Ducharte:
  ....
- Comer en un restaurante:
  ....
- Hacer deporte:
  ....
- Poner la lavadora:
  ....
- Leer el periódico:
  ....
- Ir a la piscina:
  ....

3.7. Es sábado por la mañana y los Salcillo y los Gómez están en casa. ¿Qué están haciendo en este momento?

1.

2.

3.

4.

5.

6.

7.

Etapa 2. Nivel A1.2

3.8. Coloca las letras y escribe cuatro gerundios irregulares.

1. ENYODO ....

2. YEDOLEN ....

3. CIDODIEN ....

4. DOENMIDUR ....

3.8.1. Escribe una frase con cada uno de los gerundios del ejercicio anterior.

1. ....

2. ....

3. ....

4. ....

3.9. Describe el siguiente dibujo. Di qué están haciendo estas personas en la consulta del médico.

1. ....

2. ....

3. ....

4. ....

5. ....

6. ....

7. ....

3.10. Escucha a estas personas y corrige las frases falsas.

🔊 [21]

1. Marta está preparando la comida. ....

2. Los chicos están haciendo las tareas de la casa. ....

3. Marta está leyendo una receta en un libro de cocina. ....

4. Ana también está cocinando. ....

5. Chispo está paseando con el perro del vecino. ....

6. El vecino está corriendo. ....

7. Marta y Ana están haciendo una tortilla de patata. ....

Unidad 3 | Libro de ejercicios

3.11. **Escribe en los espacios en blanco el verbo en presente o *estar* + gerundio.**

1. Carmen .... *(hacer)* la compra una vez a la semana.

2. En este momento, ... *(fregar, yo)* el suelo de la cocina.

3. Ahora, los niños .... *(dormir)* y el padre .... *(trabajar)*.

4. Pedro .... *(acostarse)* todos los días a las doce.

5. María y José .... *(comer)* en la oficina los lunes y los miércoles, hoy es jueves y .... *(comer, ellos)* en un restaurante.

6. ▶ **Profesor:** ¿Qué .... *(hacer)*?

   ▷ **Alumno:** .... *(estudiar)*.

7. Es sábado por la mañana y Lucía y yo .... *(pasear)* por el parque con nuestro perro. Normalmente .... *(ir, nosotros)* al parque todos los sábados.

8. No me gusta mucho planchar, por eso .... *(planchar, yo)* una vez al mes.

9. ▶ ¿Puedes tender la ropa?

   ▷ Ahora no puedo, ... *(quitar)* la mesa.

10. (Una conversación entre dos compañeros de instituto).

   ▶ ¡Hola!, ¿ .... *(estudiar, tú)*?

   ▷ No, ... *(ver, yo)* la tele. Todas las tardes .... *(ver, yo)* mi programa favorito.

   ▶ Pues yo .... *(escuchar)* música.

3.12. **Tienes que hacer las siguientes tareas, pero no puedes hacerlas todas y tienes que pedir favores a otras personas para que te ayuden. Escribe frases pidiendo los favores y explicando por qué no puedes hacer tú esas actividades.**

1. Escribir dos *e-mails*.	**2.** Limpiar los cristales del salón.	**3.** Planchar mis pantalones.

4. Pasar la aspiradora a toda la casa.	**5.** Hacer la compra.	**6.** Fregar los cacharros.

1. *¿Puedes escribir dos e-mails a mi jefe? Es que tengo muchísimo trabajo.*

2. ....

3. ....

4. ....

5. ....

6. ....

3.12.1. **Escucha ahora las respuestas a tus preguntas y di si aceptan hacer el favor o no y qué excusa o explicación dan.**

[22]

	¿Acepta la petición?	Excusa o explicación
1.	*No.*	*No tiene tiempo de nada.*
2.		
3.		
4.		
5.		
6.		

Etapa 2. Nivel A1.2

67
|sesenta y siete|

3.13. Completa los siguientes diálogos con las palabras del recuadro.

> no puedo ■ por favor ■ puedes ■ lo siento ■ vale
> es que ■ te lo pido por favor ■ claro ■ no insistas

1. ► ¿ .... hacer mi cama? Es solo hoy, ... tengo prisa y me tengo que ir.

▷ Sí, ahora mismo la hago.

2. ► ¿Puedes hacer la cena esta noche? Es que voy a llegar tarde. ...., solo esta noche y mañana la hago yo.

▷ .... Pero solo esta noche, ¿eh?

3. ► ¿Puedes bajar a la tienda y comprar un poco de helado? Es que no tenemos nada de postre. Venga, ..., si no tardas nada.

▷ Lo siento, ... Es que estoy esperando una llamada importante.

4. ► ¿Podéis bajar el volumen de la radio? Es que estoy estudiando y no puedo concentrarme.

▷ ...., ahora mismo, y perdona.

5. ► Mario, ¿puedes tender la ropa? Es que estoy haciendo la cena.

▷ No, ..., ahora no puedo, estoy duchándome. Cuando termine.

6. ► Papá, ¿puedes darme 30€ para ir al cine esta tarde? Es que no tengo dinero.

▷ No, no puedes ir al cine, tienes que estudiar.

► Por favor, papá.

▷ ...., además, tampoco tengo dinero.

3.14. Lee el siguiente texto sobre el reparto de las tareas domésticas en España y responde a las preguntas.

Según un estudio del Consejo Superior de Investigaciones Científicas, el hombre español es el europeo que más trabaja fuera de casa y el que menos tiempo dedica a las tareas domésticas. España es el país de la Unión Europea donde hay más desigualdad en el reparto de tareas. Las mujeres españolas trabajan fuera de casa, pero también tienen que planchar, fregar, cuidar a los hijos, barrer, hacer la comida, etc. Los hombres pasan la mayor parte del tiempo en el trabajo.

Las españolas dedican seis horas diarias al cuidado de los hijos y trabajos domésticos, pero los españoles solo dedican 2 horas y 20 minutos a las mismas labores.

1. Repartir las tareas domésticas significa que:

○ **a.** las mujeres hacen todo el trabajo de la casa.
○ **b.** los hombres hacen todas las tareas de la casa.
○ **c.** las tareas las hacen el hombre y la mujer.

2. El europeo que más trabaja fuera de casa es:

○ **a.** un hombre.
○ **b.** el español.
○ **c.** no se sabe.

3. El texto dice que:

○ **a.** en España sí se reparten las tareas entre el hombre y la mujer.
○ **b.** en España no se reparten las tareas al 50%.
○ **c.** en España a veces se reparten las tareas.

4. Según el texto:

○ **a.** las españolas trabajan tres veces más que los españoles en casa.
○ **b.** los hombres solo trabajan 20 minutos en casa.
○ **c.** las españolas trabajan seis veces más que los españoles en casa.

5. ¿Cómo es el reparto de las tareas domésticas en tu país?

....

....

....

....

....

3.15. Escucha a estas personas que hablan sobre lo que se puede y no se puede hacer en dos lugares. Con la información descubre qué lugares son.

[23]

1. ....

2. ....

3.15.1. Ahora escribe tú dos textos sobre lo que se puede hacer y no se puede hacer en otros dos lugares.

1. ....
....
....
....

2. ....
....
....
....

3.16. Lee los comportamientos sociales más habituales y descubre de qué países hablamos.

INDIA ....

ESTADOS UNIDOS ....

JAPÓN ....

1. Aquí no se puede entrar con zapatos en las habitaciones.
Tampoco se puede mirar a los ojos cuando saludas a una persona mayor.
No se puede comer con tenedor.
No se puede tirar el cigarro al suelo cuando estás fumando en la calle.
Se puede comer pescado crudo en los restaurantes.

2. En este país se puede comer con los dedos.
Cuando te invitan a comer o cenar se pueden llevar dulces, flores o fruta.
No se puede rechazar una invitación porque se considera descortesía.
No se puede llevar la cabeza descubierta cuando se entra en un lugar sagrado.
No se puede comer vaca.
Se puede estrechar la mano a una mujer occidental, pero no a una mujer del país.

3. No se puede beber alcohol hasta los 21 años.
Se puede conducir con 16 años si vas con tu padre o tu madre.
No se puede fumar en los lugares públicos.

3.17. Busca cinco verbos relacionados con comportamientos sociales. Algunas palabras están escritas al revés. Te ayudamos con algunas definiciones.

A	F	C	J	T	E	G	U	A	R	D	A	R	L	J	H	A	D	L	R	A	T	C	U
C	**1.** Repetir algo muchas veces:																						R
O	**2.** Sinónimo de *seguir*:																						E
N	**3.** Ocultar, no sacar:																						P
T	**4.** Hacer un ruido que sale por la boca normalmente después de comer:																						A
I	N	U	A	R	D	G	V	X	C	I	N	S	I	S	T	I	R	D	S	F	D	J	O

3.18. Busca el intruso y di por qué las palabras no pertenecen a la lista.

1.
- oyendo
- diciendo
- leyendo
- planchando
- durmiendo

2.
- limpiar
- planchar
- pasear
- quitar
- fregar

3.
- lo siento
- claro
- vale
- por supuesto
- sí

4.
- una vez a la semana
- dos veces al día
- nunca
- cuatro veces al año
- también

1. ....
2. ....
3. ....
4. ....

Etapa 2. Nivel A1.2

69

[sesenta y nueve]

Unidad 4

Intercambios: el plan

4.1. **Completa los siguientes planes con las acciones del cuadro.**

- Preguntar en la oficina de turismo por los medios de transporte para poder ir a esos lugares.
- Ir a la oficina de turismo de la ciudad.
- Ir a una oficina de alquiler de coches.
- Consultar en la guía direcciones y nombres de restaurantes.
- Visitar páginas de Internet.
- Mirar en la guía los lugares cercanos a la ciudad.

1. Alquilar un coche:
- a. Consultar precios de alquileres en Internet.
- b. ....
- c. Informarte de las normas de tráfico del país.

2. Visitar una ciudad:
- a. ....
- b. Comprar una guía.
- c. ....

3. Ir a un restaurante:
- a. Comprar la *Guía del ocio* de la ciudad.
- b. ....

4. Hacer una excursión por los alrededores de la ciudad:
- a. ....
- b. Preguntar a la gente de la ciudad.
- c. ....

4.2. **Tienes que entrevistar a Javier Bardem, el famoso actor español, y preguntarle sobre sus planes para las próximas vacaciones. Escribe primero las preguntas con las pautas que te damos.**

1. Tiempo (*mes…*) en el que va a ir:
....

2. Lugar a donde va a ir:
....

3. Tiempo que va a estar:
....

4. Medio de transporte en el que va a ir:
....

5. Actividades que va a hacer durante las vacaciones:
....

6. Si va a ir solo o con alguien:
....

4.2.1. **Escucha las respuestas de Javier y di si las siguientes frases son verdaderas (V) o falsas (F).**

[24]

	V	F
1. Javier va a ir de vacaciones en julio.	O	O
2. A Javier le gusta escribir autógrafos a sus admiradores durante las vacaciones.	O	O
3. Va a ir a Cádiz en coche.	O	O
4. Su comida preferida es el *pescaíto* frito.	O	O
5. Durante las vacaciones va a bañarse y a tomar el sol en la playa.	O	O
6. Javier va a echarse la siesta todos los días en el chiringuito.	O	O
7. Zahara de los Atunes, Barbate y Conil son pueblos de la costa gaditana.	O	O

Unidad 4 | Libro de ejercicios

70
[setenta]

4.3. Haz siete frases utilizando las palabras de la tabla.

(ir) a

- comprar *(yo)*
- alquilar *(Luis y tú)*
- pasear *(Julia y yo)*
- informarse *(ellas)*
- hacer *(tú)*
- consultar la guía *(usted)*
- visitar *(nosotros)*

- un coche
- en la guía direcciones de restaurantes
- una guía
- muchas fotos
- de los precios del transporte público
- por el casco antiguo
- páginas de Internet

la
el
en
ø

- abril
- próxima semana
- viernes
- mañana

1. ....
2. ....
3. ....
4. ....
5. ....
6. ....
7. ....

4.4. Kevin va a viajar a tu ciudad. Inventa cinco frases con sus planes.

1. ....
2. ....
3. ....
4. ....
5. ....

4.5. Escucha la conversación y responde a las siguientes preguntas.

[25]

1. ¿Cuál es la sala más famosa de flamenco de Madrid?

....

2. ¿Dónde está esta sala?

....

3. ¿Dónde está el *Guernica*?

....

4. ¿Qué día puedes entrar gratis en el museo Reina Sofía?

....

5. ¿En qué cine el día del espectador es el lunes?

....

6. ¿Cuánto cuesta una entrada el día del espectador?

....

Etapa 2. Nivel A1.2

4.6. Escribe un texto con información cultural de tu ciudad. (Una sala de conciertos famosa y dónde está, un museo: ¿la entrada es gratis en los museos algún día?, los cines en tu ciudad: día del espectador, precio de las entradas, películas dobladas o subtituladas...).

4.7. Elige la opción correcta.

1. Buscar:
- ○ **a.** transportes públicos.
- ○ **b.** una cuenta.
- ○ **c.** un colegio.

2. Apuntarse a:
- ○ **a.** un colegio.
- ○ **b.** gente.
- ○ **c.** un curso de cocina.

3. Contratar a:
- ○ **a.** una cuenta.
- ○ **b.** una asistenta.
- ○ **c.** una academia.

4. Relacionarse con:
- ○ **a.** gente.
- ○ **b.** un curso de cocina.
- ○ **c.** una asistenta.

5. Informarse de:
- ○ **a.** gente.
- ○ **b.** una cuenta.
- ○ **c.** los transportes públicos.

6. Matricularse en:
- ○ **a.** una cuenta.
- ○ **b.** un banco.
- ○ **c.** una academia.

7. Abrir:
- ○ **a.** una cuenta.
- ○ **b.** un colegio.
- ○ **c.** una asistenta.

4.8. Escribe la palabra que corresponde a la definición.

1. Lugar al que vas para abrir una cuenta:

2. Persona que contratas para limpiar la casa:

3. Lugar en el que te matriculas en cursos:

4. Varias personas:

5. Lugar al que van los niños para aprender:

6. Actividad o estudio para aprender una materia:

7. Medio para llevar personas de un lugar a otro:

4.9. Escucha las definiciones y clasifica las palabras en las columnas.

[26]

trabajo	vacaciones	aprender una lengua

Unidad 4 | Libro de ejercicios

72
[setenta y dos]

4.10. **Relaciona las dos columnas.**

1. Para matricular a los niños en un colegio ......•
2. Para informarte de los transportes públicos ....•
3. Para apuntarte a un curso de idiomas ....•
4. Para abrir una cuenta en un banco ....•
5. Para contratar a una asistenta ....•
6. Para conocer gente .... •

• **a.** tienes que apuntarte a un curso, matricularte en una academia o ir a los bares.
• **b.** tienes que ir a una agencia y contratarla.
• **c.** tienes que ir al Ayuntamiento y pedir un plano.
• **d.** tienes que hacer una reserva.
• **e.** tienes que hacer una prueba de nivel.
• **f.** tienes que completar un formulario y llevar tu pasaporte o NIE.

4.11. **Relaciona las dos columnas.**

1. Para viajar a otro país ....•
2. Para aprender una lengua ....•
3. Para saber las normas en el trabajo ....•
4. Para apuntarse a un curso ....•
5. Para aprobar un examen ....•

• **a.** hay que estudiar mucho.
• **b.** hay que hablar con los compañeros y el jefe.
• **c.** hay que informarse en una academia.
• **d.** hay que llevar el pasaporte.
• **e.** hay que matricularse en una academia de idiomas.

4.12. **Completa estas frases con *haber* o *tener*.**

1. Para aprender bien un idioma .... que practicarlo.
2. ► Necesito abrir una cuenta, ¿qué .... que hacer?

   ▷ Pues, lo primero, ... que llevar al banco tu DNI o NIE.
3. Marta, ... que llamar al restaurante para reservar mesa.
4. .... que pasear mucho para conocer bien una ciudad.
5. Mi marido y yo .... que ir al mercado todos los sábados para hacer la compra.
6. Para conocer gente .... que ser una persona abierta.
7. La próxima semana tengo un examen y .... que estudiar mucho.
8. Manuel .... que hablar con su jefe de un problema en el trabajo y está un poco nervioso.
9. .... que apuntarme a un curso de yoga, ¡estoy tan nervioso…!

4.13. **Elige para qué sirven las siguientes recomendaciones.**

1. • Hay que ir a clase. ....
   • Hay que vivir en el país donde se habla el idioma. ....
   • Hay que hablar con nativos. ....
   • Hay que tener un/a novio/a del país. ....
   • Hay que leer periódicos y escuchar música del país. ....

a. Para enseñar un idioma.
b. Para aprender un idioma.
c. Para conocer gente.

2. • Hay que ir a clase. ....
   • Hay que interesarse por la historia y costumbres del país. ....
   • Hay que respetar otras culturas. ....
   • Hay que probar las comidas del país. ....
   • Hay que hablar con los nativos. ....
   • Hay que intentar aprender alguna palabra del país. ....

a. Para ser un buen turista.
b. Para ser un buen aventurero.
c. Para ser un buen viajero.

Etapa 2. Nivel A1.2

4.14. Escribe cinco cosas que crees que hay que hacer para…

… viajar a otro país.

1.
2.
3.
4.
5.

… ser un buen jefe.

1.
2.
3.
4.
5.

… ser un buen profesor de idiomas.

1.
2.
3.
4.
5.

4.15. Completa el siguiente diálogo con *tienes que*, *hay que* o *ir a* + infinitivo.

► Oye, ¿tú sabes qué .... *(hacer)* para viajar a España?

▷ Pues creo que .... *(conseguir)* un visado.

► ¿Dónde puedo conseguirlo?

▷ .... *(ir)* a la comisaría de policía y allí te lo dan, puede ser de estudiante o de turista.

► Es que .... *(ir)* dos semanas a Barcelona el próximo mes.

▷ Entonces .... *(pedir)* un visado de turista.

► ¿Tú crees que .... *(saber)* español?

▷ Hombre, no es necesario, pero siempre ayuda. ¿Qué .... *(hacer)* en Barcelona?

► Juan y yo .... *(visitar)* la ciudad con un guía y .... *(ir)* a la playa, también .... *(probar)* el pan con tomate, aceite y jamón, que es uno de los platos típicos.

▷ ¡Qué rico!, pero .... *(tener)* mucho cuidado con tus maletas y con el dinero porque en las ciudades grandes, a veces, roban a los turistas.

► Sí, lo sé, en todas las guías dice que .... *(tener)* cuidado con la cámara de fotos y el dinero.

▷ Bueno, pues ¡que lo pases bien!

Unidad 4 | Libro de ejercicios

4.16. Completa las siguientes columnas.

Expresar sentimientos	Expresar valoración
¡Qué c....................¡	¡Qué b....................!
¡Qué n....................¡	¡Qué m....................!
¡Qué e....................!	¡Qué i....................!

4.17. Ordena de mayor a menor grado de valoración estas palabras.

fenomenal ■ mal ■ fatal
muy bien ■ muy mal ■ bien

1. ....
2. ....
3. ....
4. ....
5. ....
6. ....

4.18. Elige la opción correcta.

1. Hoy voy a celebrar con mis amigos que ya tengo casa, después de 4 años buscando.

a. ¡Qué aburrido! **b.** ¡Qué bien!

2. Empiezo un trabajo nuevo y no sé cómo voy a reaccionar con mis compañeros, con mi jefe…

a. ¡Qué nervios! **b.** ¡Qué contento!

3. La próxima semana es mi boda y todavía tengo cosas que preparar: flores, invitaciones…

a. ¡Qué estrés! **b.** ¡Qué aburrido!

4. Estoy escribiendo un libro sobre el flamenco.

a. ¡Qué mal! **b.** ¡Qué interesante!

5. Todos los días hago lo mismo, mi trabajo es muy monótono.

a. ¡Qué estrés! **b.** ¡Qué aburrido!

4.19. Escucha y completa.

[27]

	A. ¿De qué hablan?	B. ¿Qué tal?	C. ¿Por qué?
Diálogo 1			
Diálogo 2			
Diálogo 3			

4.20. Escribe experiencias o situaciones que te producen estos sentimientos o valoraciones.

¡Qué aburrido! ....
....
....

¡Qué estrés! ....
....
....

¡Qué mal! ....
....
....

Etapa 2. Nivel A1.2

Unidad 5

Intercambios: la cita

5.1. Completa las siguientes frases con los verbos del cuadro.

> venís ■ quieres ■ vamos (2) ■ vemos ■ apetece ■ hacemos ■ damos

1. ¿Te .... ir al cine esta tarde?

2. ¿Por qué no .... de compras mañana?

3. ¿........................... cenar en un restaurante tailandés?

4. ¿........................... a un concierto de flamenco el sábado?

5. ¿Por qué no os .... Mario y tú a Segovia?

6. ¿........................... juntos el partido de fútbol en mi casa?

7. ¿Qué te parece si .... una cena en mi casa este fin de semana?

8. ¿Qué tal si .... un paseo por el parque?

5.2. Completa las estructuras para hacer sugerencias y proponer planes.

1. *¿Por qué no* + ...?

2. *¿Qué te parece si* + ...?

3. *¿Te apetece* + ...?

4. *¿Qué tal si* + ...?

5. .... *persona del plural del* .... *de indicativo.*

6. *¿Quieres* + ...?

5.3. Relaciona las dos columnas para hacer sugerencias o proponer planes.

1. ¿Qué te parece si… .... •

2. ¿Quieres… •

3. ¿Os apetece… •

4. ¿Por qué no… •

5. ¿Vamos… .... •

6. ¿Qué tal si… •

7. ¿Tomamos… .... •

a. a un bar con música en directo?

b. visitamos el monasterio de El Escorial?

c. algo en este pub o vamos a otro sitio?

d. probar el plato tradicional?

e. nos alojamos en un albergue, que es más barato?

f. tomar otra botella de vino de Rioja con unos pimientos rellenos?

g. hacemos una visita guiada a las cuevas?

5.4. Lee las frases y elige 10 para escribir un diálogo coherente.

- *Perfecto.*
- *¿Te apetece ver una exposición este domingo?*
- *El martes me parece bien. ¿A qué hora quedamos?*
- *Termino de trabajar a las 17.00. ¿Te va bien a las 17.30?*
- *¿En la puerta del museo?*
- *¿Dónde nos vemos?*
- *Imposible, yo salgo de trabajar a las 21.00.*
- *No me va bien tan pronto. ¿Y a las 18.30?*
- *Genial, a las 18.30, pero solo tenemos una hora y media para ver la exposición.*
- *¿El domingo? ¡Ay! No puedo, tengo comida familiar.*
- *¿Quieres ir de compras el sábado?*
- *El viernes no puedo, tengo que hacer la compra.*
- *¿Qué tal si vamos el martes?*

1. ....

2. ....

3. ....

4. ....

5. ....

6. ....

7. ....

8. ....

9. ....

10. ....

Unidad 5 | Libro de ejercicios

76
[setenta y seis]

5.5. Ordena las palabras para hacer frases correctas cuando respondes afirmativamente a una sugerencia. Además, en cada frase hay una palabra que sobra.

1. ¿ir/te/al/apetece/teatro/sábado/el/~~en~~?
   ¿Te apetece ir al teatro el sábado?
2. ¿hora/qué/en/a/quedar/podemos?
   ....
3. ¿a/siete/qué/las/tal/la?
   ....
4. tengo/es/que/estudiar/que/va/tan/pronto/no/me/bien/te.
   ....
   ....
5. ¿podemos/dónde/quedar/estar?
   ....
6. ¿te/parece/la/en/qué/salida/metro/del/Gran Vía/el?
   ....
   ....
7. puerta/prefiero/la/en/de/teatro/del.
   ....
8. ocho/las/quedamos/a/entonces/del/puerta/teatro/en/la/a.
   ....
   ....

5.6. Completa el siguiente diálogo.

▶ ¿Te apetece .... **1** esta tarde?
▷ Vale. ¿ .... **2** quedamos?
▶ ¿Qué .... a las siete?
▷ No .... tan tarde. ¿Podemos .... ? **3**
▶ Bueno, me parece bien. ¿ .... quedamos? *(Lugar)*
▷ ¿Te .... en la puerta de los cines Princesa?
▶ Sí, de acuerdo. .... a las .... en .... *(Confirmación de datos)*

5.7. Escucha los siguientes diálogos y responde a las preguntas.

[28]

	¿Hacen planes?	¿Qué planean?
Diálogo 1		
Diálogo 2		
Diálogo 3		

5.8. Clasifica las siguientes expresiones en su columna correspondiente.

Vale ■ Es una buena idea, pero no puedo ■ Yo prefiero quedarme en casa
Estupendo ■ Me parece fenomenal ■ De acuerdo ■ Me gustaría, pero tengo que trabajar
Es una idea estupenda ■ Qué buena idea, pero…

Para mostrar acuerdo	Para mostrar desacuerdo

Etapa 2. Nivel A1.2

5.9. Responde afirmativa o negativamente a las siguientes sugerencias y planes.

1. ¿Comemos hoy en un restaurante vegetariano?

2. ¿Qué os parece si vamos al centro en metro? Es que el sábado es imposible aparcar.

3. ¿Queréis probar los mojitos de este bar? Están buenísimos.

4. ¿Por qué no nos invitas esta noche a cenar a tu casa?

5. ¿Qué tal si vemos un película en mi casa y nos tomamos unas cervezas?

6. ¿Vamos esta tarde al museo del Prado, que es gratis?

7. ¿Os apetece hacer una visita turística por Toledo? Yo puedo hacer de guía, que conozco muy bien la ciudad.

5.10. Escucha los siguientes diálogos y escribe verdadero (V) o falso (F).
[29]

	V	F
Diálogo 1. Salen fuera el próximo fin de semana.	○	○
Diálogo 2. Van al cine esta noche.	○	○
Diálogo 3. No salen de compras esta tarde.	○	○

5.11. Escribe un diálogo siguiendo las indicaciones que están entre paréntesis.

Maite: Hola, Ana, ¿............................? *(Sugiere ir a cenar un restaurante)*

Ana: Me encantaría.

Maite: ....
(Sugiere un día)

Ana: Uy, el viernes no me va bien. ¿............................? *(Sugiere otro día)*

Maite: Genial, ¿............................?
(Pregunta por la hora)

Ana: ¿............................?
(Sugiere una hora)

Maite: Muy bien. ¿............................?
(Sugiere un lugar para quedar)

Ana: Vale, ¿está cerca del ....?
(Pide confirmación del lugar)

Maite: Sí, exactamente.

Ana: Entonces, ...
(Confirma los datos de la cita)

Maite: Eso es. Nos vemos ....

Ana: Adiós.

5.12. Escucha los diálogos y completa el cuadro.
[30]

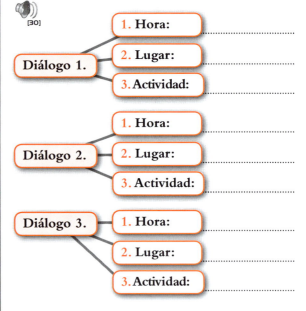

5.13. Escribe frases corrigiendo y pidiendo confirmación, como en el ejemplo.

Fiesta no el viernes, el sábado.
La fiesta no es el viernes, ¿verdad?, es el sábado, ¿no?

1. No llamarse Juan, llamarse Pedro.

2. Madrid no tener playa, tener río.

3. Tu casa no estar en el centro, estar en el norte.

4. Esa mujer no ser tu madre, ser tu hermana.

5. La Almudena no ser un museo, ser la catedral de Madrid.

5.14. Busca el intruso. Subraya el adjetivo que no corresponde en cada columna.

1	2	3
sociable	ordenado/a	puntual
alegre	divertido/a	paciente
tímido/a	egoísta	impuntual
amable	simpático/a	leal

5.15. Escribe en la columna correspondiente los adjetivos que has aprendido en esta unidad.

masculino –o/ femenino -a	masculino y femenino –e	masculino y femenino -l

5.16. Clasifica los siguientes adjetivos de carácter según sean positivos o negativos.

sociable ■ tímido/a ■ paciente
antipático/a ■ divertido/a ■ ordenado/a
amable ■ impuntual ■ impaciente
puntual ■ desordenado/a ■ egoísta
simpático/a ■ alegre

5.17. Elige la opción correcta.

1. Una persona que solo piensa en ella y no ayuda a los demás es…
- a. paciente
- b. egoísta

2. Alguien que es simpático, majo, es…
- a. impuntual
- b. amable

3. Una persona que hace reír a otras personas es…
- a. divertido
- b. paciente

4. Una persona que siempre saluda a los demás es…
- a. ordenado
- b. simpático

5. Alguien que nunca saluda a otras personas es…
- a. antipático
- b. abierto.

5.18. Lee la descripción del carácter de estas personas y marca las opciones correctas.

Mi marido, Alejandro, es una persona que nunca se enfada, es encantador, pero a veces… nunca sabe dónde tiene las llaves, ni las gafas, ni las cosas importantes. Cuando vamos a cenar fuera con amigos nunca llegamos a tiempo. Como positivo puedo decir que es una persona que habla con todo el mundo.

1. Alejandro es:
- ○ impuntual.
- ○ antipático.
- ○ sociable.
- ○ paciente.
- ○ desordenado.
- ○ tiene buen carácter.
- ○ tiene mal carácter.

Etapa 2. Nivel A1.2

No me gusta nada Arturo, es una persona que nunca te saluda, además siempre llega tarde y se enfada por todo. Es insoportable.

2. Arturo es:

○ amable.   ○ impuntual.
○ desordenado.   ○ tiene buen carácter.
○ antipático.   ○ tiene mal carácter.

Alicia me encanta, es una chica tan… buena.
Nunca se pone nerviosa, por nada, habla con toda la gente y siempre sonríe y te ayuda si tienes problemas… Es realmente una chica estupenda.

3. Alicia es:

○ tímida.   ○ amable.
○ sociable.   ○ desordenada.
○ simpática.   ○ paciente.

Mi hija pequeña, Manuela, es una niña buena, pero… me preocupa, es muy cerrada, no habla casi con nadie. Siempre está en su habitación leyendo y estudiando, eso sí, tiene la habitación perfecta, todo colocado en su sitio y si necesitas algo siempre está ella para ayudarte.

4. Manuela es:

○ egoísta.
○ tímida.   ○ alegre.
○ ordenada.   ○ amable.

Me llamo Sara. Bueno, creo que soy una persona con buen carácter. Tengo cosas malas, claro, pero en general soy una persona que sonríe mucho, y quizá debido a mi profesión (soy profesora de español) no me importa repetir las cosas muchas veces, para que los estudiantes entiendan todo. Me gusta que las cosas estén colocadas, para encontrarlas rápido. También me gusta mucho hablar y conocer gente nueva.

○ paciente.
○ antipática.
5. Sara es: ○ ordenada.
○ egoísta.   ○ sociable.
○ amable.

5.19. **Escribe si estas frases son verdaderas o falsas.**

		V	**F**
1.	En España es descortés rechazar completamente una invitación el primer día de conocerse.	○	○
2.	Se invita directamente a una persona sin explicar por qué.	○	○
3.	Cuando se acepta una invitación se dice simplemente: *Sí, gracias.*	○	○
4.	El primer día es cortés pensar en las preferencias de tu invitado.	○	○

5.20. **Lee el texto y responde a estas preguntas.**

Una de las cosas que más les gusta hacer a los españoles en su tiempo libre es reunirse con los amigos, los compañeros de trabajo y la familia.

Con los compañeros de trabajo es común tomarse unas cañas después de una jornada estresante, no es necesario quedar con antelación, el plan puede surgir en el momento. A media mañana, a eso de las 11, en algunas empresas los compañeros salen juntos a un bar para desayunar o tomar algo.

Cuando un grupo de amigos se reúne, sí que se queda antes, pero no con demasiada antelación, con llamar el día anterior es suficiente. Cuando los amigos quedan, siempre hay alguno que no es puntual, incluso a veces llega más de 15 minutos tarde. Pero no pasa nada, son los 15 minutos de cortesía. El plan puede surgir en el momento de verse.

Cuando quedas con la familia, y si es para comer, es normal llegar a la hora prevista, pero la hora de terminar nunca se sabe, porque la sobremesa puede alargarse durante horas.

1. ¿Con quién suelen quedar los españoles?

2. ¿Es necesario quedar con antelación con los compañeros de trabajo para tomar algo?

3. ¿En qué momento de la jornada laboral se suele ir a un bar a tomar algo?

4. ¿Cuánto tiempo se espera a un amigo que llega tarde?

5. ¿Es normal despedirse de la familia nada más terminar de comer? ¿Por qué?

Unidad 5 | Libro de ejercicios

80
|ochenta|